Patrizia

COME SI SCRIVE UN LIBRO

Corso di scrittura creativa

per autodidatti

independently published

ISBN: 9798460727001

Indice

Perché questo manuale? **10**

IL PERSONAGGIO **14**

1. Come costruire il personaggio **16**

La scheda del personaggio *16*

La "stratificazione" del personaggio *19*

Esercizio 1. (studiare i modelli) 21

2. Qualità da protagonista **23**

Esercizio 2. (una scena in più) 25

3. La voce del personaggio **28**

Esercizio 3. (flusso di coscienza) 29

4. Le emozioni del personaggio **31**

Esercizio 4. (emozioni) 39

Esercizio 5. (studiare i modelli) 41

5. Entrata in scena del personaggio **42**

Esercizio 6. (presentazione del protagonista) 44

6. Come evitare gli stereotipi **46**

7. Come rivelare il passato **48**

Esercizio 7. (matita rossa sulle biografie) 51

Esercizio 8. (il passato in pillole) 52

Esercizio 9. (flashback) 52

8. Orchestrazione dei personaggi **54**

Esercizio 10. (il cast dei personaggi) 57

Esercizio 11. (studiare i modelli) 58

9. L'identificazione del lettore **59**

10. Personaggi: revisione e self-editing **64**

L'IMPIANTO NARRATIVO **66**

11. La trama come "sceneggiatura" **69**

Fase 1: il soggetto *71*

Esercizio 12. (il soggetto) 71

Fase 2: una serie di scene *73*

Esercizio 13. (narrativizzare la scena di un film) 75

Fase 3: la successione delle scene *79*

Fase 4: le transizioni *81*

12. Inizio, sviluppo e fine **85**

L'inizio *85*

Lo sviluppo *93*

La fine *97*

Esercizio 14. (il finale) 103

13. Verifica: la struttura in tre atti **105**

Una scaletta modello *110*

14. Il punto di vista **118**

Esercizio 15. (cambio del punto di vista) 121

Esercizio 16. (la storia cangiante) 122

15. Il narratore **124**

Esercizio 17. (cambio fra terza e prima persona) 128

Esercizio 18. (cambio fra presente e passato) 131

Esercizio 19. (studiare i modelli) 132

LA SCRITTURA EFFICACE 133

16. Descrizioni e ambientazione **133**

Come trasportare il lettore in un luogo *136*

Esercizio 20. (un luogo del passato) 138

Esercizio 21. (una via affollata) 139

Esercizio 22. (l'atmosfera) 140

Gli strumenti linguistici *141*

Esercizio 23. (le parole giuste) 145

Esercizio 24. (aggettivi e avverbi) 145

Le impressioni sensoriali *146*

Esercizio 25. (scena di un film) 147

Esercizio 26. (termini fonosimbolici) 153

Esercizio 27. (i cinque sensi) 153

Esercizio 28. (il turista scrittore) 154

Come descrivere i personaggi *155*

Esercizio 29. (il personaggio allo specchio) 158

17. Descrizioni: revisione e self-editing **159**

18. Dialoghi **161**

La struttura del dialogo *163*

La tessitura del dialogo *165*

Esercizio 30. (varietà nei dialoghi) 168

Esercizio 31. (beat di reazione) 169

Esercizio 32. (narrativizzare una sceneggiatura) 169

Trucchi per migliorare i dialoghi *170*

La suspense nel dialogo *176*

Esercizio 33. (incrementare il conflitto) 178

Esercizio 34. (i personaggi parlano) 178

19. Dialoghi: revisione e self-editing **180**

Esercizio 35. (la battuta trasversale) 180

Esercizio 36. (da esposizione a dialogo) 180

Esercizio 37. (da monologo a dialogo) 181

20. Show don't tell **183**

Mostrare e non enunciare *183*

Quando mostrare e quando enunciare *187*

Esercizio 38. (mostrare un tratto caratteriale) 190

Esercizio 39. (da enunciato a scena) 190

Esercizio 40. (un mestiere) 190

Esercizio 41. (da enunciato a descrizione) 192

Esercizio 42. (studiare i modelli) 192

21. Le modalità narrative **193**

Esercizio 43. (cambio della modalità narrativa) 198

22. Tecniche di suspense **203**

Cliffhanger *207*

Esercizio 44. (cliffhanger) 210

Colpi di scena *211*

Agnizione *214*

Esercizio 45. (studiare i modelli) 218

Scarto di informazioni *218*

Interruzioni *220*

Rallentatore *221*

Esercizio 46. (la moviola) 222

Conto alla rovescia *223*

Esercizio 47. (studiare i modelli) 224

CONCLUSIONE **226**

Adesso tocca a voi **226**

Bibliografia **229**

Perché questo manuale?

La stesura di un romanzo è un'operazione complessa, che deve tenere conto di numerosi aspetti, non soltanto creativi ma anche tecnici.

Scrivere di getto, guidati soltanto dall'ispirazione, è uno spreco di risorse. Ne risulterà un manoscritto che necessita di molto lavoro di revisione.

Se invece sarete disposti a investire studio ed energia nell'apprendimento delle tecniche basilari di scrittura creativa, otterrete un manoscritto che verrà apprezzato dal pubblico e dalle case editrici.

Sul mercato esistono numerosi manuali di scrittura creativa. Tuttavia molti di essi hanno un approccio teorico. Il presente testo si propone come guida pratica, corredata di numerosi esercizi, che potranno costituire dei veri e propri percorsi guidati.

Si precisa che qui non troverete indicazioni sull'uso corretto della grammatica italiana o della punteggiatura, né sulle norme editoriali. Nella bibliografia si rimanda a opere che trattano questi temi.

Questo manuale ha per oggetto le tecniche necessarie per scrivere narrativa.

Per semplicità, esso ne affronta l'apprendimento in tre sezioni:

- Personaggi
- Impianto narrativo
- Scrittura efficace

Ogni sezione è suddivisa in capitoli, ciascuno dei quali è accompagnato da esercizi. Sono infatti gli esercizi a fare la differenza: limitarsi allo studio della teoria non è sufficiente, se si vogliono interiorizzare i segreti della scrittura creativa. Occorre esercitarsi, e farlo tutti i giorni.

Gli esercizi sono la parte migliore del manuale. Non è consigliato saltarli.

Gli esercizi contribuiranno ad affinare le vostre capacità. Salvateli in una cartella personale del computer: andranno a formare un serbatoio da cui potrete attingere per i vostri manoscritti.

Il manuale può essere usato sia prima della stesura di un manoscritto, sia a fini di revisione di un manoscritto pronto: la maggior parte degli esercizi può essere applicata a testi già scritti. Oppure l'esercizio è suddiviso in una variante A (esercizio di revisione di un manoscritto) e una variante B (esercizio per principianti assoluti).

Alcune sezioni terminano con un capitolo intitolato "Revisione e self-editing", contenente suggerimenti appositi.

Avvertenze

Le tre sezioni sono riportate in un ordine che reputo significativo ai fini dell'apprendimento. Personalmente consiglio di partire dalla costruzione del personaggio, per poi passare all'ideazione della trama e infine ad affinare gli strumenti di scrittura efficace. Tuttavia sconsiglio di iniziare la stesura di un manoscritto prima di avere letto tutto il manuale almeno una volta, e di avere fatto un certo numero di esercizi di tutte le sezioni.

Per quanto riguarda gli esercizi, prendete l'abitudine di farne uno al giorno. Forse vi porteranno su percorsi creativi che ancora non conoscevate, trasformandosi in fonti di ispirazione. Non sottovalutate gli esercizi: da essi potrebbe scaturire il vostro prossimo romanzo.

IL PERSONAGGIO

Nell'ideazione della storia, consiglio di partire dal personaggio. Perché?

- Un personaggio ben riuscito può fare la fortuna di un manoscritto che presenti pecche strutturali o stilistiche. Invece avrà meno probabilità di successo un testo ben scritto, che però riveli personaggi piatti e poco interessanti.
- È il personaggio che fa la storia: soltanto quando saprete che cosa vuole il personaggio, come reagisce di fronte alle frustrazioni, quali segreti si porta dietro, potrete decidere che direzione prenderà la storia. Sono le reazioni del personaggio che portano avanti la storia. Trama e personaggio sono fattori strettamente connessi. Farsi un'idea precisa del personaggio aiuta a gettare le giuste fondamenta della storia.
- Conoscere il personaggio è indispensabile per svilupparne la "voce". La voce è l'impronta

soggettiva del narrato. È ciò che ha fatto la fortuna di molti best-seller. La voce del testo è normalmente la voce del personaggio dal cui punto di vista è narrata la storia. Soltanto dopo avere sviluppato questo personaggio, con biografia, carattere, attitudini, modo di pensare, modo di parlare, relazioni, passato, sarete in grado di riportare sulla carta la sua voce. Ricordate: la voce è un elemento molto difficile da modificare dopo la prima stesura del manoscritto. Meglio trovare la voce del personaggio prima di iniziare.

1. Come costruire il personaggio

La scheda del personaggio

Per essere in grado di riprodurre i personaggi a parole, l'autore deve farsene un'idea precisa: sia dell'aspetto fisico, sia dei tratti psichici.

Riuscite a vedere il personaggio? O l'idea è ancora troppo vaga nella vostra mente?

Per ovviare, la miglior cosa è cercare una **fotografia** che rappresenti al meglio il vostro personaggio. Può anche essere la foto di un attore o di un'attrice. Spulciate fra le immagini di internet, nelle locandine di film, in riviste o giornali, fino a trovare un volto che vi ispiri. Scegliete bene: il volto del personaggio dovrà essere in grado di accendere il vostro fuoco creativo.

Specialmente nel caso del protagonista, è importante che il personaggio riesca a entusiasmarvi. Dovrà diventare per voi una specie di amico, al quale penserete anche quando non state scrivendo. Se il personaggio non vi entusiasma, non appassionerà nemmeno il lettore.

A questo punto avrete un'idea dell'aspetto fisico e dell'età. Aggiungete altre peculiarità, come la professione, la condizione sociale, il modo di vestire e di parlare. E iniziate a farvi un'idea di come il personaggio vede se stesso e il mondo intorno a sé.

Un metodo valido è quello di stilare una scheda del personaggio. Ciò non vuol dire che sarete obbligati a utilizzarne tutti gli elementi nel manoscritto. La scheda serve soprattutto all'autore: per farsi un'idea concreta del personaggio, per trarre ispirazione e per non fare errori di incongruenza (per esempio dando al protagonista occhi blu nel capitolo 1 e occhi verdi nel capitolo 11).

Di seguito alcune idee per la scheda:

- nome e cognome del personaggio. Fate attenzione a quello che il nome può evocare (la condizione sociale, la nazionalità). Decidete se volete chiamarlo per nome o per cognome: menzionare il personaggio con il cognome si addice al tono distaccato di un giallo/thriller, mentre in una storia d'amore è meglio usare il nome proprio
- età e principali tappe della biografia

- tratto dominante: qual è la prima impressione che fa il personaggio?
- aspetto fisico: isolate dettagli dell'aspetto (*marker*), che userete per „etichettare il personaggio“, rendendolo subito riconoscibile
- professione, condizione sociale
- segni caratteristici (anche questi da usare come *marker*, per identificare il personaggio)
- immagine che il personaggio ha di se stesso (del tipo "sono una donna in carriera", "sono uno che non guarda in faccia a nessuno", "sono un ragazzo timido")
- visione del mondo, idee politiche
- come reagisce alle frustrazioni (è un tipo che fugge o che lotta?)
- una particolare abilità
- un tallone di Achille
- un segreto dal passato
- la cosa più bella che gli sia capitata, e la peggiore.

Nell'ideazione dei tratti del personaggio, si consiglia di ESAGERARE. La pagina scritta ha infatti la tendenza a rimpicciolire il personaggio. Se non esagerate, il personaggio rischia di non avere rilievo.

Dopo questo lavoro preliminare, immaginate di essere il personaggio e buttate giù una pagina in cui il personaggio parla di sé, in prima persona. In cui racconta dove è nato, quanti anni ha, come vede il proprio aspetto fisico, che lavoro fa (questo lavoro è una soddisfazione o una scocciatura?), chi sono le persone che gli sono più vicine e tutto quello che vi viene in mente. Esprimetevi nel linguaggio che il personaggio userebbe. Facendo questo esercizio, vedrete che il personaggio comincerà a prendere forma e ad assumere caratteristiche individuali. (Vedi capitolo 3: la voce del personaggio).

La "stratificazione" del personaggio

In tutti i manuali di scrittura creativa troverete questo suggerimento: evitate i personaggi stereotipati, create figure tridimensionali.

Si tratta di un suggerimento sacrosanto, ma il cui significato non è scontato come sembra.

Facciamo un esempio: il personaggio più riuscito del giallo recente è il vicequestore Rocco Schiavone (*Pista nera,* Antonio Manzini). Si tratta di un poliziotto burbero, corrotto, macho e collezionista di donne. Caratteristiche che si ritrovano in molti protagonisti della letteratura gialla. A prima vista, è un personaggio stereotipato.

Tuttavia questo personaggio rimbalza dalla pagina e si imprime nella mente del lettore, anche dopo che questi si sarà scordato della trama del romanzo. C'è qualcosa che ne fa un personaggio unico.

Secondo me si tratta di questi ingredienti:

- il personaggio ha capacità investigative straordinarie, ma ha anche gravi difetti ed è esagerato in tutto quello che fa
- il personaggio ha un passato doloroso, gravido di segreti
- i flashback sul passato forniscono motivazioni stringenti al suo agire
- alcune situazioni ci rendono il personaggio simpatico

- i personaggi comprimari lo mettono in risalto, per contrasto
- dalle pagine emerge la voce caratteristica del personaggio
- la complessità del personaggio risulta dalla stratificazioni di tutti i fattori che ho elencato sopra.

In verticale abbiamo il passato del personaggio, che determina il suo agire e mette il lettore in grado di comprendere le motivazioni del personaggio.

In orizzontale abbiamo difetti che non ci aspettiamo in un vicequestore (Schiavone assume stupefacenti, è corrotto e amico di delinquenti), le relazioni conflittuali con gli altri personaggi e la voce con cui il personaggio parla al lettore.

Esercizio 1. (studiare i modelli)

La lettura e lo studio di autori di successo è un esercizio indispensabile per apprendere le tecniche affrontate nel presente manuale. Ma lo è in particolare per la costruzione del personaggio.

Analizzate *Pista nera* di Antonio Manzini: la caratterizzazione del personaggio operata da questo autore è magistrale.

Altri tre personaggi da studiare sono:

Jack Reacher, da *L'ora decisiva,* Lee Child, Longanesi, 2012

Lizbeth Salander, da *Uomini che odiano le donne,* Stieg Larsson, Marsilio, 2007

Michele Ballistreri, da *Tu sei il male,* Roberto Costantini, Marsilio, 2011.

2. Qualità da protagonista

Pensate a dotare il vostro protagonista di almeno una delle seguenti qualità. Per innestare il processo di identificazione che rende entusiasmante la lettura, il protagonista deve essere in grado di suscitare l'ammirazione e l'invidia del lettore (vedi capitolo 9). Deve essere in grado di agire e reagire come il lettore non avrebbe il coraggio di fare.

- Tenacia, determinazione: nel perseguimento dell'obiettivo, il protagonista non deve perdersi d'animo facilmente. Deve essere qualcuno che, dopo una sconfitta, si rialza. Deve essere capace di lottare. Pensate al personaggio di Rossella nel romanzo *Via col vento* di Margaret Mitchell: gli eventi infausti che si accumulano nella sua vita non minano la sua tenacia, che rimane inalterata fino all'ultima scena.
- Altruismo, generosità: inserite una scena in cui il protagonista si prende cura di qualcuno.
- Una tara fisica o psichica: il lettore proverà empatia per un personaggio che riesce a superare una forma di handicap. È la storia del giocatore di

basket, che diventa un campione nonostante sia basso di statura. O della ragazza grassa che riesce a realizzare il grande amore (vedi *Il diario di Bridget Jones* di Helen Fielding). Può trattarsi di un handicap fisico. O di un handicap psicologico, o sociale, o quello che avete.

- Imprevedibilità: fate fare al personaggio qualcosa di inaspettato, come gettare un oggetto fuori dalla finestra, o ballare su un tavolo. Nel film *L'attimo fuggente* (regia di Peter Weir) il protagonista, un insegnante non convenzionale, esorta i suoi allievi a mettersi in piedi sui banchi. Una scena che viene ripresa nel finale altamente emozionale del film: guardatelo, la pelle d'oca è assicurata.

- Una particolare abilità: come un supereroe, anche il vostro protagonista può avere una qualche abilità straordinaria. Per esempio la vista di un falco, la capacità di leggere il pensiero (in senso letterale o metaforico), o la padronanza di un'arte marziale. L'abilità può essere legata alla professione, come nel caso di un *profiler* o di un restauratore di opere d'arte.

- Un passato doloroso: i protagonisti più riusciti si portano dietro un evento tragico. Questo evento è spesso il loro segreto. Il passato doloroso tende a manifestarsi nel corso della storia, giustificando le reazioni del personaggio.
- Un modo di parlare caratteristico: con le giuste battute di dialogo, potete rendere il personaggio ironico, burbero, brillante, laconico, passionale, logorroico. Pensate anche all'uso del dialetto, o di un gergo professionale.
- Una vita emozionale: soprattutto nelle scene madri, non limitatevi a riportare le azioni del personaggio. Mostrate anche le sue reazioni fisiche, le emozioni e quello che sta pensando.
- Un conflitto interiore: per esempio fra il dovere professionale e l'amore, fra morale e avidità, o fra attaccamento alla famiglia e desiderio di libertà.

Esercizio 2. (una scena in più)

<u>Variante A</u>

Nel vostro manoscritto, verificate la costruzione del protagonista tramite i seguenti punti:

- Avete una scena in cui il protagonista si prende cura di qualcuno?
- L'obiettivo del protagonista: che cosa fa di questo obiettivo una questione essenziale per lui? Se non trovate niente, ideate un episodio del suo passato che giustifichi l'ossessione del protagonista per l'obiettivo.
- Avete una scena in cui il protagonista si mostra tenace? Una scena in cui è stato sconfitto, ma si rialza?
- Durante una scena importante, avete riportato le emozioni e i pensieri del personaggio?
- Il vostro personaggio ha un passato doloroso, o un segreto inconfessabile? Come si manifesta questo passato, per esempio in una scena, nel modo di parlare, in un atteggiamento?

Variante B

Se non avete un manoscritto, questa è una buona occasione per scrivere la prima scena che veda in azione il protagonista che si sta delineando nella vostra mente.

Suggerisco di iniziare con una scena in cui il protagonista aiuta una persona più debole. Alternativamente, ideate una scena in cui il protagonista mostra ciò di cui è capace.

3. La voce del personaggio

La cosiddetta "voce" è l'aspetto cruciale di un romanzo. Una voce riuscita può rendere bello e avvincente anche un testo che ha buchi di trama o altri difetti strutturali. Esistono anche testi narrativamente perfetti, ma senza anima: mancano di "voce".

La "voce" è quell'elemento che dà al lettore l'impressione che dietro le righe ci sia qualcuno che gli racconta la storia. È l'impronta soggettiva del testo.

In senso tecnico la voce di un testo di narrativa si situa a più livelli: ci sono la voce dell'autore, la voce del narratore e la voce del personaggio. Ma semplifichiamo: poiché la maggior parte dei romanzi contemporanei è narrata dal punto di vista di un personaggio, non importa se in prima o terza persona, la "voce" che dovete sviluppare è quella di questo personaggio.

È chiaro che prima dovrete avere ideato i tratti salienti del personaggio, tramite la scheda di cui sopra: origine, classe sociale, istruzione, lavoro, aspetto fisico, traumi o segreti dal passato, pregi e difetti, particolari capacità, tare fisiche o psichiche, modo di esprimersi e tutto ciò che rende complesso un personaggio. Soltanto dopo questo lavoro preparatorio sarete pronti per scoprirne la voce.

Esercizio 3. (flusso di coscienza)

Immaginate di essere il personaggio da voi ideato e mettetevi a scrivere di getto tutto quello che gli passa per la testa.

Per aiutarvi, assumete una determinata postura e indossate gli abiti che avete scelto per il personaggio (occhiali da sole e giacca destrutturata? Tailleur blu e collana di perle?).

Oppure guardate intensamente la foto del personaggio.

Dovete scrivere a ruota libera, in prima persona. Scavate pure nel passato, raccontate di quell'evento che turba il personaggio. O di quell'incontro recente. Buttate giù un flusso di coscienza.

Date espressione ai dubbi del personaggio. Alle sue opinioni: le opinioni sono importanti ai fini della caratterizzazione. Pensate a opinioni fuori dalla norma: un modo di pensare inconsueto è presagio di conflitto.

Date espressione alle sue sensazioni, alle sue reazioni. Immaginatevi che stia facendo un resoconto della giornata e si ricordi di avere reagito in un certo modo in una determinata situazione.

Fatelo tutti i giorni. Quello che ne deve risultare è una specie di diario del personaggio. Un diario destinato a conservare pezzi di realtà filtrati dal punto di vista del personaggio. Un vero tesoro.

Vi stupirete di quanti aspetti del personaggio troverete in questo modo. Di quante espressioni che potrete usare nel vostro manoscritto.

Nel manoscritto non inserirete tutto quello che avete scritto nel diario. Attingerete soltanto a quello che più vi è piaciuto. Saranno queste "perle" a fare la voce del personaggio.

4. Le emozioni del personaggio

Uno dei principali motivi per cui ci si dedica alla lettura è il desiderio di provare emozioni. Quando si legge un horror, si vuole provare paura, da un thriller ci aspettiamo quel senso di tensione che si chiama *suspense*, con una storia di amore si vogliono provare tutte le emozioni dell'innamoramento.

Come si fa a evocare queste emozioni nel lettore? Attraverso l'identificazione con il personaggio.

Sono le emozioni del personaggio che dovranno essere riportate sulla carta.

È per questo che è così efficace abbassare il punto di vista a quello del personaggio. Un punto di vista focalizzato sul personaggio vi permette di riportare le sue emozioni.

Le emozioni insorgono come reazioni a ciò che accade intorno al personaggio. Sono generate da stimoli.

Quindi dovrete mostrare prima lo stimolo e poi la reazione emozionale del personaggio.

Per questo le emozioni saranno principalmente collocate nei cosiddetti "beat di reazione". I beat di reazione sono sequenze di testo che succedono alle azioni o alle battute di dialogo (beat di azione). Esempio:

Il telefono squillò. ***(stimolo)***

Marco sbarrò gli occhi e scattò a sedere sul letto. ***(beat di reazione)***

Quando riportate le reazioni emozionali, ricordate che esse in genere precedono i pensieri del personaggio, o si alternano a essi.

Il telefono squillò.

Marco sbarrò gli occhi e scattò a sedere sul letto.
Chi poteva chiamarlo a quell'ora?

Le emozioni possono essere riportate tramite un enunciato:

Laura ebbe paura.

Tuttavia è più efficace "mostrare" le emozioni. Il che significa riportare le reazioni corporee con cui le emozioni si manifestano.

Laura fece un passo indietro. Le gambe le tremavano.

Di seguito uno strumento che potrà aiutarvi nella descrizione delle emozioni. Si tratta di un elenco (incompleto) di reazioni corporee corrispondenti a determinate situazioni emozionali. Potete usare questo elenco anche per descrivere tratti caratteriali del personaggio.

Stato emozionale	**Che cosa fa il personaggio**
Audacia	Guarda l'altro negli occhi Parla per primo Fa un passo avanti
Attrazione	Le pupille si dilatano Gli occhi luccicano Ha lo sguardo trasognato Sorride Arrossisce Lancia sguardi intensi

	Si passa una mano sui capelli Si protende verso l'oggetto di desiderio
Commozione	Sente un nodo alla gola Ha la voce rotta Ha gli occhi lucidi Le guance si rigano di lacrime Il petto si gonfia
Curiosità	Sgrana gli occhi Fissa intensamente Origlia Tende le orecchie Aggrotta le sopracciglia
Desiderio	Occhi lucidi Pupille dilatate Le labbra si dischiudono Gli manca il fiato
Determinazione	Stringe i pugni

	Inarca le sopracciglia Batte i pugni sul tavolo
Disgusto	Arriccia il naso La bocca si contrae Si piega in due Ha un groppo alla gola
Empatia	Ascolta con attenzione Fa domande Si protende in avanti
Entusiasmo	Parla a voce alta Cammina saltellando Sprigiona energia
Felicità	Canticchia Saltella Esplode in una risata Emana una luce
Imbarazzo	Suda Si guarda intorno

	Arrossisce Incurva la schiena Si schiarisce la gola Balbetta Gli mancano le parole Evita lo sguardo
Inquietudine	Si torce le mani Gingilla con l'orologio Si gratta Si mangia le unghie Il cuore gli salta in petto Balbetta
Orgoglio	Punta il mento verso l'alto Guarda dall'alto in basso Raddrizza le spalle
Paura	Fa un passo indietro Sbarra gli occhi Le gambe tremano

	Le gambe sono paralizzate La voce si blocca in gola Le mani si aggrappano a qualcosa Suda Deglutisce Ha il fiato corto Se la fa addosso
Rabbia	Digrigna i denti Guarda di traverso Serra la mandibola Stringe i pugni Urla, impreca Gli pulsa una vena sul collo Ha una postura rigida Sbatte le porte Sbotta Le narici si dilatano Fa una smorfia I lineamenti si irrigidiscono

Sensualità	Si muove a passo di musica Ha una postura eretta Osa Cerca il contatto fisico Tende il collo Accavalla le gambe
Sicurezza di sé	Stringe forte la mano Parla per primo Reclina la testa all'indietro Ha un sorriso soddisfatto Ha una risata tonante
Sorpresa	Sgrana gli occhi Impallidisce Rimane a bocca aperta Si porta una mano alla bocca Inarca le sopracciglia Trattiene un grido Sobbalza

	Fa un salto indietro Si prende la testa fra le mani

Esercizio 4. (emozioni)

Variante A

Cercate nel vostro manoscritto un episodio importante: può trovarsi all'inizio, quando qualcosa sconvolge la vita del protagonista, o alla fine, nel momento risolutivo della storia.

Deve trattarsi di una "scena madre".

Immaginate di essere il protagonista e di trovarvi nel bel mezzo della scena. Buttate giù una pagina in prima persona, in cui il protagonista dà sfogo a tutto quello che gli passa per la testa durante la scena, e a tutto quello che sta provando. Si tratta di paura, amore, rabbia? Oppure di sensazioni contrastanti, come paura e amore allo stesso tempo?

Cercate quindi di trovare espressioni che descrivano le sensazioni senza indicarle direttamente. Al posto di "ebbe paura" scrivete per esempio "aveva le gambe paralizzate".

Selezionate le frasi più riuscite.

Adesso inseritele nella scena madre, come reazioni del personaggio a ciò che sta accadendo, o alla battuta di dialogo di un altro personaggio.

Variante B

Molti maestri di scrittura creativa consigliano di progettare la storia partendo dal finale.

Provate adesso a scrivere il finale della vostra storia: da 500 a 1000 battute.

Deve trattarsi di una scena, vissuta momento per momento dal personaggio, dal suo punto di vista.

Nel caso ideale, sarà un confronto fra due o più personaggi. Il protagonista potrà riportare la vittoria o essere sconfitto, a vostra scelta.

Scrivete prima la scena nei suoi passaggi essenziali (soltanto beat di azione).

Poi immaginate di essere il protagonista che si trova nel bel mezzo della scena e scrivete una pagina in prima persona, in cui il protagonista dà sfogo a tutto quello che gli passa per la testa, e a tutto quello che sta provando. Si tratta di paura, amore, rabbia? Oppure di sensazioni contrastanti, come paura e amore allo stesso tempo?

Cercate espressioni che descrivano le sensazioni senza indicarle direttamente. Al posto di "ebbe paura" scrivete per esempio "le gambe gli tremavano".

Inserite queste espressioni come beat di reazione nella vostra scena.

Esercizio 5. (studiare i modelli)

Un testo famoso per l'abilità dell'autore nel mostrare le emozioni è *Il falco maltese* di Dashiell Hammett (ne esistono varie edizioni italiane, fra cui Mondadori, Oscar Gialli, 2009).

La peculiarità di Hammett consiste nella sua capacità di evidenziare le emozioni semplicemente attraverso i gesti e le parole dei personaggi, senza mai entrare nelle loro teste.

Hammett è un maestro della tecnica dello *Show don't tell* (vedi capitolo 20).

5. Entrata in scena del personaggio

Il personaggio può essere presentato in vari modi:

- con una scena che lo vede in azione
- con battute di dialogo, possibilmente alternate a beat di reazione
- tramite quello che altri personaggi dicono di lui
- descrivendo l'ambiente in cui vive o lavora
- riportando i suoi pensieri

Fate attenzione a quando presentate il personaggio per la prima volta: la cosiddetta "entrata in scena" dovrà mostrare le caratteristiche salienti del personaggio. Nel caso del protagonista, si consiglia di farlo entrare in scena in modo esplosivo, che lo metta in primo piano rispetto agli altri.

Supponiamo che il vostro protagonista arrivi a una festa: è un tipo che preferisce rimanere in disparte a osservare, oppure viene subito circondato da un capannello di gente? Che cosa ordina da bere? Come è vestito? Che timbro ha la sua voce?

Riflettete bene sulla scena che userete per fare entrare in scena il protagonista. Con l'entrata in scena potete suscitare la simpatia del lettore per il personaggio, o qualsiasi altro sentimento. Potrete fare risaltare i suoi pregi, le sue qualità straordinarie. Potrete mostrare i suoi difetti, le sue debolezze, il suo caratteristico modo di parlare.

Ho usato aggettivi superlativi appositamente: al fine di tratteggiate il personaggio è infatti necessario **esagerare**. L'esagerazione mette le ali al personaggio, lo fa rimbalzare dalla pagina. Immaginatevi che il lettore veda il personaggio attraverso un vetro: il lettore riuscirà a vederlo bene soltanto se esagerate sui pregi e sui difetti.

Fate entrare la vostra eroina su tacchi altissimi che rintoccano sul pavimento di marmo. Date al vostro eroe occhi di falco che mettono a fuoco il minimo dettaglio. O si tratta di un ragazzo? Donategli la capacità di hackerare qualsiasi computer.

Mostrate che effetto ha il protagonista sugli altri personaggi.

Mostrate la stanza del personaggio: ci sono oggetti che rivelano la sua personalità, o qualcosa del suo passato (una fotografia, una targa appesa alla parete, un vecchio giocattolo)?

Pensate anche a concepire scene o parti di scena che avranno il solo scopo di caratterizzare il personaggio.

Come detto sopra, è anche possibile caratterizzare il personaggio riportandone i pensieri. Potete servirvi del discorso indiretto libero o del monologo interiore, ma si tratta di una modalità narrativa da usare con parsimonia: evitate di stilare pagine e pagine di pensieri del personaggio. Una tecnica più moderna consiste nell'inserire i pensieri fra le battute di dialogo, oppure all'interno delle scene di azione (nei beat di reazione). I pensieri del personaggio saranno quindi reazioni a ciò che un altro personaggio ha detto oppure a ciò che è appena successo.

Esercizio 6. (presentazione del protagonista)

<u>Variante A</u>

Se avete un manoscritto pronto, cercate la scena in cui il protagonista entra in scena per la prima volta. Riscrivete l'episodio cambiando la modalità narrativa.

Esempio: supponiamo che abbiate presentato il protagonista con un'esposizione, all'inizio dell'opera. Cambiare la modalità narrativa significa riscrivete l'episodio sotto forma di dialogo, oppure come scena di azione.

Variante B

Scrivete una scena in cui un personaggio secondario fa visita al protagonista. Il punto di vista dovrà essere quello del personaggio secondario. Fategli descrivere la casa in cui abita il protagonista e l'aspetto fisico di quest'ultimo. Inserite un dialogo con il protagonista. Nei beat di reazione, mostrate le emozioni e i pensieri che il protagonista suscita nel personaggio secondario.

6. Come evitare gli stereotipi

Un personaggio stereotipato è un personaggio che corrisponde esattamente alle aspettative del lettore: il commissario macho, la femme fatale, il ragioniere con la calvizie precoce. Potete usare gli stereotipi per le comparse del vostro romanzo, ma mai per i protagonisti e i personaggi principali.

Controllate che il vostro protagonista non sia un personaggio stereotipato.

Se sentite odore di stereotipo, cercate di conferire al protagonista un tratto stridente, che il lettore non si aspetta. Avete un commissario macho? Mettetelo su una sedia a rotelle. Avete una bionda svampita? Appendete una targa con una laurea in astrofisica nella sua camera da letto. Avete un ragioniere con la pancia? Fate emergere un segreto dal passato, come l'amore giovanile per un uomo.

Tuttavia questi espedienti, se usati da soli, non basteranno a risolvere il problema.

Cercando di conferire caratteristiche "distoniche" ai vostri personaggi, potreste cadere nell'estremo opposto, facendone degli improbabili burattini. Non basta una passione per i gatti a rendere originale il personaggio.

I migliori ingredienti per evitare gli stereotipi (secondo la mia personale opinione) sono questi:

- costruire un personaggio stratificato: riportate le motivazioni che spingono il personaggio ad agire in un certo modo, fate emergere un passato doloroso e mostrate il personaggio mentre è afflitto da emozioni contrastanti;
- donare al personaggio una voce inconfondibile. Una voce che, nel caso del personaggio focale, dovrà emergere dalle battute di dialogo e dai pensieri del personaggio. Se il personaggio focale è il protagonista, la voce del protagonista sarà destinata a permeare tutto il narrato.

7. Come rivelare il passato

Anche se per vostra comodità avete redatto una biografia del personaggio, evitate di dilungarvi in passaggi espositivi in cui viene raccontato il passato del personaggio. Non fatelo nemmeno con i personaggi secondari.

Ciò sembra una contraddizione rispetto al precetto di fare emergere il passato del personaggio, ma non lo è. Il passato serve ad approfondire la psicologia del personaggio e a renderne comprensibili le motivazioni. Spesso l'obiettivo e l'ostinazione con cui un personaggio persegue l'obiettivo sono motivati da un episodio del passato.

Il punto è che il passato deve essere inserito nella narrazione, ma non sotto forma di biografia monoblocco.

Il passato del personaggio deve essere somministrato con il contagocce, nel corso di tutta la storia.

La miglior cosa è inserire frammenti di passato nei passaggi in cui il personaggio reagisce a qualcosa (i beat di reazione). Il ricordo sarà la reazione del personaggio a un'impressione visiva, alle parole di un altro personaggio, a un incontro. Esempio:

> *Laura abbassò il finestrino e guardò fuori: la fabbrica dalle tegole rosse, dove aveva lavorato sua madre, era ormai un fabbricato in disuso.*

Un'allusione al passato può essere anche inserita in un dialogo

> *«Mi chiedo come hai fatto a vivere qui per vent'anni. Non c'è nemmeno un cinema.»*
>
> *Laura si strinse nelle spalle. «Non avevamo soldi per il cinema.»*

In qualsiasi beat di reazione potete inserire un ricordo del personaggio, purché l'emergere del ricordo sia motivato: ci deve essere qualcosa che lo fa scattare.

Potete riportare i pensieri con uno spezzone di monologo interiore, in corsivo:

> *Laura abbassò il finestrino e guardò fuori. Un fabbricato dalle tegole rosse, con i muri scalcinati e le porte sprangate. Laura deglutì. La fabbrica dove andava tutti i giorni la mamma.*

Il flashback

Il flashback è una scena in cui viene mostrato un episodio del passato del personaggio.

Lo ripeto: è una scena. Ciò significa che l'episodio non viene narrato tramite un'esposizione, ma drammatizzato, momento per momento, con le azioni e le reazioni del personaggio.

Il flashback ha l'unico difetto di interrompere il corso della narrazione. Per questo evitate flashback inutili, che non servono a caratterizzare il personaggio o spiegare un aspetto nodale della storia.

Per introdurre un flashback, la miglior cosa è mettere in scena uno **stimolo** che evochi il ricordo del personaggio focale: una battuta di dialogo o un'impressione visiva. Anche un profumo, un suono o il sapore di una pietanza possono fungere da stimoli per il ricordo.

Ispiratevi alla tecnica cinematografica: nella prima scena viene mostrato il dettaglio che evoca il ricordo, nella seconda scena un primo piano sul personaggio in espressione assorta, mentre con la terza scena inizia il flashback: il personaggio è più giovane e si trova in un altro spazio/tempo.

Essendo una scena, il flashback dovrà contenere almeno una battuta di dialogo.

Se la vostra opera è scritta al passato, per introdurre il flashback userete il trapassato prossimo. Ma durante la scena tornerete all'uso del passato. Analogamente, se il tempo narrativo è il presente, per introdurre il flashback userete il passato, ma nella scena tornerete al presente.

Un flashback può essere inserito in una scena di azione: in questo caso è meglio ridurlo al minimo, perché rallenta l'azione (salvo che ciò sia un effetto desiderato). I dialoghi e le descrizioni sono più congeniali al flashback. Anche i *sequel,* cioè quei passaggi di testo in cui il protagonista riflette, si prestano all'inserimento di flashback.

Esercizio 7. (matita rossa sulle biografie)

Andate alla ricerca, nel vostro manoscritto, di lunghi passaggi in cui avete riportato una biografia monoblocco del protagonista o di un altro personaggio.

Cancellateli, soprattutto se sono all'inizio dell'opera.

Fate un elenco di tutte le informazioni che avete cancellato.

Cercate capitoli del manoscritto in cui è possibile inserire queste informazioni, per esempio nei beat di reazione di una scena, o in un dialogo.

Esercizio 8. (il passato in pillole)

Dalla vostra scheda del personaggio (o dalla biografia che avete cancellato con l'esercizio precedente), prendete un evento importante della vita del personaggio. Può essere un episodio tragico (come un trauma), oppure soltanto una vicenda che lo ha fatto maturare, o imboccare una strada.

Inserite una frase che alluda a questo episodio nelle prime cinque pagine del vostro manoscritto.

Esercizio 9. (flashback)

Immaginate il vostro personaggio che fa ritorno nella cittadina in cui è cresciuto.

Escogitate un dettaglio sensoriale in grado di far emergere i ricordi: può essere un edificio, l'odore del diesel, il sapore di un dolce in una pasticceria, o il rintocco di un campanile.

Mostrate il personaggio mentre è colpito da questo dettaglio sensoriale.

Quindi fategli ricordare qualcosa che gli è successo quando era bambino o adolescente: una molestia sull'autobus, un digiuno forzato in tempi di povertà, la festa della prima comunione.

Scrivete la scena, con i beat di azione e reazione e almeno una battuta di dialogo.

Ricordate di cambiare i tempi verbali per introdurre il flashback: il lettore dovrà capire subito che si tratta di un episodio passato, e anche quanto tempo è passato.

Ricordate anche di tenere il punto di vista abbassato al personaggio e rimanere nella voce del personaggio.

8. Orchestrazione dei personaggi

Il protagonista è il personaggio centrale, che porta avanti la storia. È l'eroe che cerca disperatamente di ottenere qualcosa, o di impedire qualcosa. Alla fine della storia, potrà avere subito una trasformazione (benché ci siano protagonisti, come *James Bond*, che non cambiano mai).

Oltre al protagonista, la vostra storia sarà popolata da altri personaggi: coprotagonisti, antagonisti, alleati, nemici, comprimari, comparse.

Se non avete ancora un'idea concreta di questi personaggi, provate a immaginarveli inizialmente in base alla loro funzione.

Il personaggio focale: è il personaggio dal cui punto di vista viene narrata la storia. Si tratta in genere del protagonista, benché ci siano famose opere in cui il personaggio focale non è il protagonista (per es. Nick Carradine nel *Grande Gatsby* di F.S. Fitzgerald oppure Watson in tutti i romanzi della serie, ideata da Conan Doyle, avente come protagonista Sherlock Holmes). È il personaggio con cui il lettore sarà portato a identificarsi, proprio perché la narrazione è immersa nel suo punto di vista. I personaggi focali possono essere più di uno.

Il coprotagonista: nelle storie d'amore, i protagonisti sono in genere due. Ma anche nei romanzi corali ci sono più protagonisti. In questi casi anche i punti di vista saranno più di uno. Nella narrazione si alterneranno capitoli narrati dal punto di vista del protagonista a capitoli narrati dal punto di vista di uno o più coprotagonisti.

L'antagonista: è colui che si oppone al protagonista. In genere l'antagonista è personificato, benché ci siano storie in cui ciò che si oppone al protagonista non è una persona, ma un'entità astratta, una coercizione sociale o un problema interno al protagonista stesso.

I comprimari: servono ad aiutare il protagonista (gli **alleati**) o a mettergli i bastoni fra le ruote (i **villani**). Un altro ruolo tipico è quello del **mentore**: una persona dotata di sapere ed esperienza, che guida il protagonista nel superamento degli ostacoli.

Le comparse: sono personaggi che compaiono sporadicamente, per esempio il cameriere o l'autista del taxi. Ciò nonostante, sarà bene conferire anche alle comparse qualche tratto che le imprima nella mente del lettore. Una funzione importante delle comparse è quella di caratterizzare l'ambiente in cui si muove il protagonista, compresa l'epoca storica e il tessuto sociale.

Quindi date a questi "tipi" un nome e cognome, e alcuni tratti salienti, usando gli stessi esercizi con cui avete costruito il protagonista, con la differenza che i personaggi minori saranno meno complessi e stratificati. Fate una scheda almeno per coprotagonisti e comprimari, ed esercitatevi anche con la voce di questi personaggi.

Si consiglia di rendere i personaggi diversi l'uno dall'altro e di stabilirne le relazioni fin dall'inizio. Le diversità fra i personaggi creerà occasioni di conflitto destinate a rendere più interessante e profonda la storia.

Le diversità possono essere di qualsiasi tipo: aspetto fisico, temperamento, opinioni, modo di parlare, istruzione, estrazione sociale, e chi più ne ha più ne metta.

È chiaro che il protagonista e l'antagonista dovranno avere caratteristiche antitetiche. Ma anche il coprotagonista e gli alleati saranno più interessanti se presentano punti di conflitto con il protagonista.

Pensate alla presenza di personaggi che non possono mancare nel genere di storia che andate a scrivere: in un giallo avremo un investigatore, possibilmente una sua spalla, un procuratore, un patologo ecc. In una storia d'amore avremo una lei, un lui, la rivale, la migliore amica, la suocera ecc. Tutto dipende dai luoghi e dalle situazioni in cui portate i personaggi.

I personaggi non avranno tutti la stessa importanza. È bene stabilire la gerarchia dei personaggi in uno stadio precoce della storia. Più è importante il personaggio, più pagine della storia dovranno essergli riservate.

Esercizio 10. (il cast dei personaggi)

Fate una lista di cinque personaggi in grado di stimolare la vostra fantasia. Forse si tratta di personaggi che già avete in mente o su cui avete già scritto.

Fate una tabella di questi personaggi, con una colonna dedicata ai tratti principali, una colonna dedicata a un tratto distonico, insolito (un tic, un interesse singolare, una tara fisica) e una colonna dedicata a un segreto. Assicuratevi che questi personaggi siano diversi l'uno dall'altro.

Quindi scrivete:

- per ciascun personaggio, la quarta di copertina di una storia di cui possa essere protagonista
- un flusso di coscienza, in cui ciascun personaggio parla in prima persona del proprio segreto
- un diagramma a frecce, che illustri le relazioni e/o i conflitti che i personaggi hanno l'uno con l'altro
- un dialogo, in cui due di questi personaggi si scontrino.

Esercizio 11. (studiare i modelli)

L.A. Confidential di James Ellroy offre un magnifico esempio di orchestrazione dei personaggi.

Il protagonista Ed Exley è affiancato dai coprotagonisti Bud White e Jack Vincennes, ma l'approfondimento psicologico è magistrale anche per altri comprimari, fra cui il corrotto capitano di polizia, il giornalista e le due figure femminili.

9. L'identificazione del lettore

Poiché l'identificazione del lettore con il personaggio è il mezzo migliore per creare una storia avvincente, desidero soffermarmi su questo processo di identificazione dal punto di vista psicologico.

Il lettore, più o meno istruito che sia, è una persona media, che fa una vita normale. E nella vita ordinaria siamo tutti costretti a rispettare ruoli e a obbedire a gerarchie. Le nostre possibilità di azione sono limitate, per esempio dalla condizione economica o da impegni verso la famiglia. E c'è un'altra limitazione, di tipo psicologico, che ci impedisce di agire al massimo delle nostre potenzialità: la paura di non farcela.

Spesso la persona normale non cambia vita e non si mette a fare quello che ha sempre sognato semplicemente per mancanza di coraggio. Si ha paura a lasciare una vita modesta, ma sicura, per un'avventura che potrebbe anche finire in un fallimento. E quando si subisce una sconfitta, normalmente ci si rassegna e non si ha il coraggio di riprovare.

Quando il lettore medio legge una storia, si appassionerà a personaggi che, come lui, sono soggetti a condizioni limitanti, ma che, a differenza di lui, hanno il coraggio di agire al massimo delle loro possibilità.

Una storia è sempre la storia di un personaggio che si trova ad affrontare un conflitto: il personaggio susciterà l'identificazione del lettore se reagisce alla situazione nel mondo in cui il lettore non avrebbe il coraggio di fare.

L'identificazione con il personaggio comporta l'ammirazione e persino l'invidia del lettore: questi prova soddisfazione a vedere come il personaggio affronti le situazioni conflittuali nel modo in cui anche lui vorrebbe affrontarle: con coraggio, determinazione, audacia. Un personaggio che non si rassegna alle sconfitte, ma si rialza.

Naturalmente il lettore può ammirare il personaggio non soltanto per la sua forza di volontà, ma anche per qualità eccezionali che possiede a priori: una particolare prestanza fisica, o un'alta condizione sociale, o la capacità di sedurre. Per questo amiamo i personaggi delle soap opera (che sono tutti belli e ricchi), oppure i supereroi, dotati di capacità straordinarie.

Tali capacità straordinarie sono però da intendersi anche in senso metaforico: esse alludono alle potenzialità nascoste che ciascuno di noi ha dentro di sé. Quando si toglie la maschera, anche il supereroe è una persona normale.

Riassumendo: per ottenere l'identificazione del lettore, occorre mettere il personaggio in una situazione (conflittuale) che presenti analogie con normali situazioni di vita, e farlo reagire non nel modo ordinario, ma in un modo "straordinario", che desti l'ammirazione e l'invidia del lettore.

Sotto gli occhi del lettore, attraverso i vari episodi che formano la vostra storia, potete addirittura trasformare il personaggio da persona normale a supereroe. Fategli affrontare prove successive, in cui può anche fallire. Sapersi rialzare dopo una sconfitta è una di quelle qualità che il lettore ammira di più.

Questo vale per tutte le storie, sia che si tratti del commissario che dà la caccia a un assassino, sia che si tratti di una donna che vuole strappare il grande amore a una rivale.

Il vecchio Aristotele aveva ragione: il lettore cerca nella storia la "catarsi". Vuole provare un'emozione forte (per es. la paura), fino al limite del sopportabile, per poi godere il momento in cui la situazione si risolve.

Dentro di noi c'è un meccanismo che ci fa godere quando proviamo emozioni forti: è per questo che andiamo sull'ottovolante, o facciamo *bungee jumping*. Ci piace essere sottoposti a una tensione altissima, che poi si risolve.

Quando si legge un thriller, si vuole provare la paura. Quando si legge una storia d'amore, si vogliono provare tutte le sensazioni tipiche dell'innamoramento.

Nella vita normale però, cerchiamo di evitare situazioni che possano finire male: sottoporci a un pericolo senza conoscerne l'esito potrebbe anche avere per noi conseguenze letali.

Leggere un libro o guardare un film è un modo per esporsi a un pericolo, e provare forti emozioni, a livello virtuale.

È così anche al cinema: allo spettatore piace godersi l'affondamento del *Titanic,* pur di rimanere all'asciutto.

Per questo il lettore si identifica con un personaggio che fa una "vita spericolata": gode a provare le stesse emozioni. E anche se il personaggio alla fine dovesse soccombere (cosa che capita raramente), in fondo si tratta soltanto di una storia.

10. Personaggi: revisione e self-editing

Avete un manoscritto già pronto, l'avete fatto leggere e qualcuno vi ha detto che il personaggio è piatto?

Iniziate la revisione facendovi queste domande: Il personaggio è in grado di affascinare il lettore? È abbastanza "esagerato", cioè straordinario? Presenta elementi di originalità? Parla in modo caratteristico? Le sue motivazioni sono riportate nella storia? Le sue emozioni sono mostrate? Traspare il suo passato? Nasconde un mistero che arricchisce la sua personalità?

Di seguito alcuni consigli per migliorare il manoscritto sul fronte del personaggio:

- Verificare la scelta e la coerenza del punto di vista. Ogni episodio dovrà essere narrato dal punto di vista di un personaggio focale, possibilmente lo stesso (almeno per ogni capitolo). Eliminate le intrusioni del narratore onnisciente.
- Lavorare sulla voce del personaggio focale: il lettore deve avere l'impressione che la storia gli

venga narrata da una persona singolare. Che ha determinate opinioni, un particolare modo di esprimersi, che reagisce in modo caratteristico. Per sviluppare la voce del personaggio si veda l'esercizio 3.

- Inserire beat di reazione: sono i passaggi in cui il personaggio reagisce a ciò che è appena accaduto, oppure a una battuta di dialogo. Riportano le sue emozioni (mostrate con le reazioni del corpo) e i suoi pensieri.
- Lavorare sui dialoghi: il personaggio si esprime in modo caratteristico? Come detto sopra, fra una battuta di dialogo e l'altra è efficace inserire le reazioni del personaggio.
- Conferire al personaggio un passato, un trauma, un segreto che si porta dietro. Si può fare con un flashback, con una battuta di dialogo, con un beat di reazione che contenga i pensieri del personaggio.

L'IMPIANTO NARRATIVO

Prima di iniziare a scrivere, è bene farsi un'idea della storia.

Se avete lavorato sul personaggio, saprete anche in che tipo di storia sarà coinvolto. Un investigatore corrotto potrà fornire sia una trama gialla sia una storia di denuncia sociale, una donna appena arrivata in una grande città potrà essere protagonista di una storia d'amore, di un romanzo di genere *chick-lit,* di un romanzo di formazione.

Per prima cosa, assicuratevi che l'idea che avete in mente sia davvero una storia, cioè materia narrativa.

Una storia non è un susseguirsi inconcludente di episodi, o il resoconto di un evento passato. Secondo la definizione classica, una storia è la drammatizzazione di una serie di ostacoli che si frappongono fra il protagonista e il raggiungimento del suo obiettivo.

Ciò significa che dovete avere un protagonista, una serie di ostacoli e un obiettivo.

Affinché il protagonista persegua un obiettivo, deve succedere qualcosa che lo spinga a farlo: un evento che rompa lo status quo.

In linea di massima avrete un protagonista il quale, a causa di un evento che irrompe nella sua vita, cerca di ottenere qualcosa. A questo fine dovrà superare alcuni ostacoli, con l'aiuto dei personaggi secondari. Spesso subirà sconfitte e sarà costretto a rialzarsi, fino al confronto finale, in cui il protagonista riporterà la vittoria (oppure uscirà sconfitto, ma avendo imparato qualcosa).

Potrà essere un giallo, in cui un investigatore cerca di scovare un assassino, oppure una storia d'amore, in cui una donna è fulminata dall'incontro con un uomo e farà di tutto per conquistarlo.

Di seguito un **percorso guidato**, che vi aiuterà a tracciare la vostra storia.

Il percorso consiste nel costruire un impianto narrativo, su cui vi baserete per scrivere la storia. Per l'impianto narrativo verranno considerati tre aspetti:

- La trama come "sceneggiatura"
- Il punto di vista
- Il narratore.

11. La trama come "sceneggiatura"

Una trama avvincente è uno degli ingredienti che fanno la differenza fra un romanzo noioso e un best-seller.

Conviene investire tempo ed energia nella progettazione della trama. Oltretutto, ciò vi farà perdere meno tempo nella fase di editing e revisione dell'opera.

Scrivere sotto la sola guida dell'ispirazione è un processo meno spontaneo di quanto sembri. In realtà significa rifarsi ai modelli narrativi che si sono impressi nella vostra mente, sia per formazione scolastica sia per letture personali. Il problema è che spesso si tratta di modelli narrativi antiquati.

Scrivendo di getto, tenderete a imitare i capolavori del Novecento. Oppure lo stile dei resoconti giornalistici. Inizierete con un riassunto del passato del personaggio. Oppure con una descrizione geografica, come nei *Promessi Sposi*. Butterete giù pagine e pagine di monologo interiore, ispirandovi alla tecnica del "flusso di coscienza", che tanto spazio occupa nei programmi scolastici (peccato che una storia semplicemente composta dai pensieri che passano per la testa di un personaggio non risponda ai criteri della narrativa moderna). A un certo punto vi fermerete, non sapendo come andare avanti. Anche perché non avete idea di come vada a finire la storia.

Se i vostri modelli narrativi sono autori contemporanei (per esempio quelli che scrivono tutto al presente), la semplice imitazione potrebbe limitare la vostra creatività: meglio avere la consapevolezza iniziale che esistono più modi di scrivere una storia.

Per ovviare a questi inconvenienti, gettate almeno le fondamenta della storia, prima di affrontare la stesura del manoscritto. Si consiglia persino di delineare la storia nelle sue singole tappe: una concatenazione di peripezie che portano il protagonista dal suo stato iniziale allo stato finale.

A questo scopo sarà bene farsi una scaletta. Che qui chiamerò "sceneggiatura".

Per „sceneggiatura" intendo quello che normalmente viene definito come trama. Preferisco usare il termine "sceneggiatura" per un preciso motivo: come vedremo più avanti, è utile concepire la storia come una **successione di scene**. Ma procediamo passo per passo.

Fase 1: il soggetto

Per prima cosa occorre ideare la storia nella sua struttura scheletrica: quello che nel cinema si chiama il "soggetto". Questo scheletro della storia sarà di carattere generale, ma dovrà già contenere la direzione della storia: chi è il/la protagonista? Che cosa vuole? Quali ostacoli incontra? Come va a finire?

Limitatevi a una mezza cartella di testo (600 battute).

Nell'ideazione del soggetto, non siate schiavi del precetto dell'originalità, che potrebbe bloccarvi. L'originalità dovrà scaturire dalle peculiarità dei vostri personaggi, della vostra ambientazione, della vostra scrittura.

Esercizio 12. (il soggetto)

Per stilare il soggetto del vostro romanzo, ispiratevi a una **quarta di copertina**.

La quarta di copertina è un testo che si trova di solito sul retro dei libri stampati e ha due scopi:

fornire un'idea sintetica del contenuto e suscitare la curiosità del lettore.

La quarta di copertina riporta il soggetto della storia, omettendo il finale e cercando di incuriosire chi legge.

Prendete un libro di narrativa dal vostro scaffale e leggete attentamente la quarta di copertina: vedrete che contiene gli elementi essenziali della storia e sottolinea l'aspetto che la rende avvincente.

Trovate le quarte di copertina anche su Amazon, in corrispondenza della descrizione dei libri. Leggetene alcune.

Un esempio di quarta di copertina lunga: *Pista nera* di A. Manzini.

Un esempio di quarta di copertina breve: *La leonessa bianca,* di H. Mankell.

Adesso mettetevi a scrivere il soggetto dell'opera che avete in mente.

Questo esercizio vi costringerà a estrarre il succo della storia, a stabilire chi è il protagonista e in che cosa consiste il conflitto centrale.

In altre parole, redigere il soggetto vi aiuterà a definire il quesito posto dalla storia, cioè ciò che dovrà suscitare l'interesse del lettore.

Unica differenza: scrivete anche il finale della storia, che nella quarta di copertina viene omesso.

Provate per credere: questo esercizio vi schiarirà molte idee su quello che volete scrivere.

Fase 2: una serie di scene

Avete redatto un soggetto di circa 600 battute?

Da questo soggetto dovrete ricavare una serie di scene, che andrà a costituire l'ossatura della vostra opera.

Dedicatevi a questa operazione con la massima scrupolosità: è importante prima accumulare molto materiale narrativo, e poi scegliere le scene migliori.

Ricordatevi che dovete ideare scene e non semplici episodi: a questo scopo non chiedetevi "che cosa succede adesso?", ma "qual è la prossima scena?".

Che cos'è una scena?

Una scena non è un resoconto: è una rappresentazione "visiva" di quello che accade, momento per momento.

Una scena ha lo scopo di evocare nella mente del lettore una serie di immagini. Come se fosse seduto nella sala di un cinema.

Una scena comprende battute di dialogo. Viene filtrata dal punto di vista del personaggio focale. Il lettore sarà nella sua testa, vedrà quello che vede lui e sarà partecipe dei suoi pensieri.

Il concetto di scena è legato alla tecnica dello *Show don't tell* (vedi capitolo 20).

Una scena non è un riassunto dei fatti. Non è l'esposizione di quanto accaduto. È una drammatizzazione degli eventi.

Una scena è composta da **beat di azione** e **beat di reazione**. Nei beat di azione viene mostrato il personaggio che fa o dice qualcosa, che assiste a qualcosa, che riceve uno stimolo sensoriale o che ascolta ciò che dice un altro personaggio. Nei beat di reazione viene mostrato il personaggio che reagisce ai beat di azione: con una reazione corporea, un'emozione, un pensiero.

Per comprendere il concetto di scena, osservate come sono fatti i film. I film sono successioni di scene.

Esercizio 13. (narrativizzare la scena di un film)

Qui trovate la scena finale del film *L'attimo fuggente* (regia di Peter Weir, 1989):

https://youtu.be/jMCILXaQBcM

La scena dura circa 4 minuti. Potete anche fare l'esercizio sugli ultimi 2 minuti.

Trascrivete la scena in forma narrativa. Per far questo, prima decidete da che punto di vista volete mostrare la scena: dal punto di vista del professor Keating? Oppure dal punto di vista di uno degli allievi? Potete usare sia la prima che la terza persona.

Quindi mostrate ogni momento di ciò che succede. Potreste iniziare così:

> *Sentii bussare alla porta. Alzai gli occhi e lo vidi: il nostro professore, con le spalle abbassate, gli occhi lucidi e una borsa in mano.*

«Dovrei prendere le mie cose» mormorò il professore.

Abbassai la testa, non osando guardarlo negli occhi. Era stata anche colpa mia se lo avevano licenziato.

Continuate voi. Sbizzarritevi a mostrare le emozioni. Riportate anche i pensieri del personaggio focale, nei beat di reazione.

A differenza di un film, uno scrittore non ha a disposizione la musica per destare le emozioni. Deve servirsi soltanto delle infinite combinazioni offerte dalle parole.

Il metodo della lista

Adesso che avete capito che cos'è una scena, prendete il vostro soggetto e stendete un elenco delle possibili scene in cui può essere coinvolto il protagonista nel corso della storia. Ispiratevi a film, a romanzi, a serie televisive. La redazione di liste è un buon metodo per farsi venire le idee.

Esempio. Da un soggetto elementare come "Indagine su un omicidio" ricaviamo un elenco delle seguenti scene:

- una ragazza che fa jogging in un parco viene barbaramente assassinata
- ritrovamento del cadavere, la scena del crimine
- riunione della squadra Omicidi
- l'assassino spia una donna, alla ricerca della prossima vittima
- il commissario si prende cura del padre disabile
- una testimone, vittima di un tentativo di stupro in un parco, si presenta in polizia e fornisce un identikit dell'assassino
- l'assassino uccide la seconda vittima
- la polizia irrompe nella casa dell'assassino, che riesce a fuggire
- il sindaco protesta con la polizia. Una foto dell'assassino viene pubblicata
- l'assassino incontra in un bar una donna, guadagna la sua fiducia e si fa ospitare da lei
- la donna vede una foto dell'assassino sul giornale e lo riconosce

- prima che la donna possa andare dalla polizia, l'assassino la imprigiona in casa e la tortura
- un testimone che ha notato qualcosa di strano denuncia la donna come scomparsa
- la polizia fa irruzione a casa della donna. Battaglia finale con l'assassino e risoluzione.

Questa è una trama gialla. Ma potete ricavare una serie di scene da qualsiasi soggetto.

Una storia d'amore: una donna si innamora di un uomo incontrato per strada, la donna lo spia, la donna scopre che è sposato, lo vede andare a prendere i figli, riesce ad approcciarlo in un locale, i due fanno un viaggio esotico, la donna rimane incinta, l'uomo torna dalla moglie, la donna incontra un altro uomo, l'altro uomo si prende cura del figlio, ma il primo torna in scena, eccetera.

Avete un romanzo di formazione? Elencate una serie di scene in cui un ragazzo subisce un processo di maturazione e scopre chi è veramente: un litigio con il padre, l'incontro con il migliore amico, la fuga da casa, una serata di sballo, una notte in carcere, l'amico in ospedale, eccetera.

Pensate a tutti gli ostacoli che il protagonista potrà incontrare. A nuovi personaggi che possano aiutarlo, o mettergli i bastoni fra le ruote.

Ricordatevi il consiglio di R. Chandler: quando la vostra storia diventa noiosa, fate entrare in scena un tipo con la pistola.

Inserite eventi inaspettati: la morte di un congiunto, un incidente, l'arrivo di qualcuno, una lettera, una telefonata, un licenziamento, una malattia, un incontro.

Pensate a possibili rivelazioni e colpi di scena: morte del sospettato, omosessualità dell'amato, un alleato che è invece un nemico.

Buttate giù le idee a ruota libera, come vi affiorano alla mente. Non dovrete usarle tutte.

Fase 3: la successione delle scene

Scegliete dal vostro elenco le scene che hanno maggiore possibilità di risultare emozionanti, interessanti o decisive. Il processo di scelta è importante: non tutti ciò che succede nella storia è degno di essere riportato con una scena. Selezionate gli eventi che hanno un peso e una funzione per la storia.

Ricordate che le scene dovranno essere "visive", come le scene di un film.

Alla fine di questo processo di ideazione, avrete una decina di scene "madri".

Adesso non dovete fare altro che mettere queste scene madri in una successione ascendente, vale a dire che l'intensità e la tensione delle scene dovrà aumentare nel corso del romanzo. La tensione sarà massima nella scena culminante, quella cioè in cui il protagonista si batte e riporta la vittoria (oppure la sconfitta, a seconda delle vostre scelte narrative).

Come si fa ad aumentare la tensione a ogni scena? Si consiglia di terminare ciascuna scena in sospeso, possibilmente con una sconfitta, o almeno con un quesito aperto, con un'incertezza, un nuovo problema. E di ideare situazioni narrative che peggiorino le cose per il protagonista.

Dopo una sconfitta, il protagonista si lancerà in un nuovo tentativo, che magari andrà a finire peggio del primo.

Cercate di mettere queste scene in una successione logica, cioè di causa ed effetto. Fate cioè in modo che ogni scena si concluda con qualcosa che spinge il protagonista verso la scena successiva.

Per portare avanti la storia, è importante che il protagonista raggiunga l'obiettivo finale soltanto alla fine della storia. Ciascuna scena intermedia dovrà concludersi con un esito negativo o in sospeso.

Per lasciare in sospeso l'esito della scena, utilizzare le **tecniche di suspense** (vedi capitolo 22).

Alla fine avrete una lista delle vostre scene madri in ordine ascendente.

Poiché però un romanzo non è fatto soltanto di scene madri, dovrete riempire le transizioni fra una scena e l'altra servendovi di altre tecniche narrative.

Fase 4: le transizioni

Una storia non è fatta soltanto di scene.

Innanzitutto perché dopo una scena, solitamente ad alto impatto emozionale, il lettore ha bisogno di una fase di rilassamento. La storia non può avere sempre il ritmo serrato delle scene. Occorrono anche le pause, in cui la tensione si allenta.

Come abbiamo detto sopra, una scena dovrà concludersi con una sconfitta o una qualche forme di incertezza. Una sconfitta o incertezza a cui il protagonista dovrà reagire.

Per questo dopo una scena ci sarà quello che Dwight Swain, capostipite della scuola di scrittura creativa americana, chiama "*sequel*". Un sequel è un passaggio in cui il protagonista, dopo l'esito non incoraggiante della scena, riflette sul da farsi. Soppesa i pro e contro, prende una decisione su come reagire.

Un sequel può riempire un intero capitolo oppure limitarsi a pochi beat di reazione successivi alla scena, o intercalati alla scena stessa. Nel sequel emergono i pensieri del protagonista, le sue motivazioni, i suoi obiettivi. I sequel contribuiscono a dare profondità, e quindi credibilità, ai personaggi. Se il protagonista vive un conflitto interiore, è qui che tale conflitto può essere mostrato.

Il sequel è inoltre uno strumento importante per controllare il ritmo della storia: dopo una scena, il sequel rallenta il ritmo e consente al lettore di rilassarsi. Per rompere una sequenza dal ritmo troppo serrato, basta inserire un sequel. L'interruzione provocata dal sequel può essere anche usata per aumentare la suspense (vedi Interruzioni).

Il sequel si conclude con il protagonista che prende una decisione. Il che lo spinge verso la scena successiva.

Altri tipi di transizione fra una scena e l'altra:

- episodi secondari: supponiamo che in un giallo vengano interrogati testimoni, la cui deposizione non frutta niente di nuovo. Tutto questo si può narrare tramite un resoconto, nella modalità dell'esposizione. Invece l'interrogatorio di un testimone importante, che fornisce informazioni rilevanti, dovrà essere riportato per mezzo di una scena;
- passaggi temporali o spaziali: il tempo che passa fra una scena e l'altra, anche se molto lungo, può essere raccontato con una breve esposizione. Lo

stesso vale per gli spostamenti spaziali dei personaggi.

A questo punto avrete una successione di scene, intramezzate da passaggi di transizione: questa è già la vostra scaletta.

Per affinare la scaletta, nonché inserirvi ancora scene a cui non avevate pensato, potete trarre ispirazione da modelli narrativi classici, che sono oggetto dei capitoli seguenti.

12. Inizio, sviluppo e fine

Una volta stilata la scaletta, cercate di raggruppare le scene in tre parti: un inizio, uno sviluppo e una fine.

Le indicazioni seguenti vi serviranno a controllare che le tre parti dell'opera abbiano determinati requisiti. In caso contrario, dovrete aggiungere altra materia narrativa.

Semplificando, si può dire che l'inizio serve a innescare la dinamica narrativa, lo sviluppo serve a portarla avanti secondo un andamento ad alti e bassi, mentre il finale serve a fornire al quesito sollevato dalla storia una risposta che lasci soddisfatto il lettore.

L'inizio

L'inizio della storia ha le seguenti funzioni:

- mettere in scena l'incidente scatenante
- suscitare la curiosità e l'interesse del lettore
- presentare l'ambiente in cui si svolge la storia

- presentare il protagonista in modo coinvolgente per il lettore
- stabilire l'atmosfera dell'opera, a seconda del genere.

Leggete bene il primo punto: la storia dovrà iniziare con un evento che introduce un cambiamento nella vita quotidiana del protagonista. In narratologia, questo evento viene chiamato "incidente scatenante". Esso rappresenta una rottura dello status quo, da cui il protagonista non può tornare indietro.

Secondo il classico di narratologia *Il viaggio dell'eroe* di Chris Vogler, una storia è come un viaggio: il protagonista, a causa di un evento che irrompe nella sua vita, passa la soglia verso un mondo straordinario, in cui incontra alleati e nemici. Qui deve superare alcune prove che lo fanno crescere. Grazie a ciò è in grado di sconfiggere i nemici e tornare nel mondo ordinario. Alla fine, l'eroe torna a casa dal viaggio, ma è cambiato.

Che cosa può fungere da incidente scatenante? In molti romanzi, e anche opere cinematografiche, l'incidente scatenante è

- un arrivo
- una convocazione di urgenza
- una telefonata
- una lettera
- un incontro
- una catastrofe
- un omicidio.

Si consiglia di collocare l'incidente scatenante fra le prima pagine della storia, o addirittura nell'incipit.

Non dilungatevi in descrizioni o biografie del protagonista nell'incipit. Meglio introdurre subito l'evento che mette in moto la storia, e posticipare le spiegazioni.

Il prologo

Inserire un prologo all'inizio dell'opera è una tecnica usata in molta narrativa moderna, soprattutto di genere thriller.

Il Suggeritore di Donato Carrisi inizia con un prologo.

Il prologo non è obbligatorio. Usatelo soltanto se il vostro contesto narrativo lo richiede.

Il principale vantaggio del prologo è che con esso si possono riportare fatti che il personaggio focale non può sapere. In un prologo si può usare un punto di vista diverso da quello del personaggio focale, per esempio il punto di vista dell'assassino.

Il prologo permette di creare uno scarto di informazioni fra il lettore e il personaggio. Una tecnica che serve a creare la suspense.

Fra il prologo e il primo capitolo ci sarà un cambio di punto di vista, ma anche una transizione spaziale o temporale.

In molti thriller il prologo è una scena di azione, in cui vengono rappresentati fatti cruenti, destinati a scuotere il lettore e a metterlo in uno stato di aspettativa.

Ma può anche trattarsi di una lettera, di un articolo di giornale, di un manoscritto: qualcosa che contenga informazioni con cui il lettore potrà meglio capire gli eventi che stanno per essere narrati.

Spesso il prologo contiene un'anticipazione di qualcosa che avrà effetti decisivi per la storia, Qui possono essere "seminati" i presupposti del colpo di scena finale.

L'incipit

L'incipit, cioè le prime righe o pagine dell'opera, è ciò che verrà letto per primo dalle case editrici, dagli editor e dai vostri lettori. È ciò che apparirà in anteprima su Amazon. Per questo dovreste dedicarvi con scrupolosità alla stesura dell'incipit. Molti autori scrivono l'incipit a conclusione dell'opera.

Nell'incipit si consiglia di menzionare il protagonista, con il nome o un pronome. L'uso di nome e cognome evoca un senso di verosimiglianza. Il pronome può suscitare curiosità (chi è questo *lui* o questa *lei* che entra improvvisamente in scena?).

Se il protagonista non è il personaggio focale, iniziate con quest'ultimo: nell'incipit dovrà essere chiaro da che punto di vista è narrata la storia.

Quindi mettete in scena l'incidente scatenante, o un'anticipazione dello stesso.

Di seguito un esempio di protagonista alle prese con l'incidente scatenante.

> *Laura Martelli si stropicciò gli occhi, ancora mezza addormentata. Chi poteva chiamarla alle cinque del mattino?*

L'incipit può essere anche una scena di azione:

> *L'urto fece aprire la portiera. E Laura venne scaraventata fuori dalla macchina.*

Oppure una battuta di dialogo, accompagnata da forti emozioni:

> *«Sei la cosa peggiore che mi sia capitata» finì di gridare Laura, con la voce ormai ridotta a un rantolo. Poi si trascinò in camera e fece le valigie.*

Potete anche riportare i pensieri del personaggio, con uno spezzone di discorso indiretto libero. Però attenzione: usate il discorso indiretto libero nell'incipit soltanto se siete sicuri di avere trovato la voce del personaggio: fatelo esprimere con un particolare modo di parlare, fate trapelare il suo atteggiamento verso il mondo.

Che cosa viene dopo l'incipit?

L'incidente scatenante è ciò che mette in moto la storia. Dopo di esso potete inserire un momento di riflessione del personaggio, una scena in cui presentate altri personaggi, un flashback sul passato del protagonista, una scena narrata dal punto di vista di un altro personaggio.

Fra le scene che inserirete nei primi capitoli della storia non fate mancare una cosiddetta "scena di simpatia": si tratta di una scena in cui il protagonista si prende cura di qualcuno che è più debole di lui. Gli sceneggiatori chiamano questo tipo di scena "*pet the dog*": spesso è davvero un cane l'essere di cui il protagonista si prende cura. Fate vedere il protagonista che aiuta un padre infermo, un bambino, o anche un animale. Ciò susciterà la simpatia del lettore.

Un altro tipo di scena utile per ottenere la simpatia del lettore è quella in cui il protagonista ha l'occasione di mostrare le sue capacità straordinarie: se avete una poliziotta, mostrate la sua abilità nel condurre un interrogatorio. Se avete un medico, mettetelo in un reparto Covid. Ricordate che le capacità necessarie al protagonista durante la lotta finale dovranno essere state anticipate, per essere credibili.

Nel thriller *L'ora decisiva* di Lee Child, la prima scena ci mostra il protagonista Jack Reacher intento a soccorrere un gruppo di anziani dopo un incidente stradale. Ciò ci rende simpatico il protagonista e mette subito in evidenza il suo spirito di iniziativa e le sue doti di paramedico.

È anche possibile che il protagonista, dopo l'incidente scatenante, si rifiuti di accettare la sfida. Chris Vogler chiama questo momento "rifiuto della chiamata". Il rifiuto della chiamata dovrà essere motivato: il protagonista vuole farsi i fatti suoi, oppure ha un momento di scoraggiamento. Potrà essere un investigatore che non ha voglia di accettare il caso, oppure un'innamorata che non se la sente di inseguire il suo amato in capo al mondo.

Nei capitoli iniziali possono anche essere introdotti altri personaggi necessari alla storia.

L'inizio della storia si conclude con il cosiddetto "passaggio della soglia". È il momento in cui il protagonista decide di accettare la sfida e confrontarsi con le forze antagoniste. Il passaggio di soglia deve essere ben motivato: assicuratevi che ci sia qualcosa che costringe il protagonista ad andare avanti, come un peggioramento della situazione, una minaccia, il coinvolgimento di una persona cara, un dovere morale o professionale.

Concepite la fine della prima parte come una specie di disastro: le cose sono talmente peggiorate per il protagonista, che non gli rimane che gettarsi nell'avventura.

Lo sviluppo

Lo sviluppo è il corpo centrale della storia. È costituito da una serie di scene destinate a preparare e a culminare nell'evento risolutivo (il cosiddetto climax).

"Preparare" è il giusto termine. Gli episodi dello sviluppo servono a guidare il lettore verso il climax, che per questo gli apparirà inevitabile, credibile e motivato.

In essi si potrà delineare un processo di trasformazione e maturazione del personaggio, che di episodio in episodio acquista le forze necessarie per riportare la vittoria finale.

È in questa parte della storia che in genere entrano in scena personaggi importanti, che aiutano il protagonista nella sua lotta (alleati) o lo ostacolano (antagonisti).

Spesso gli scrittori si bloccano dopo l'inizio della storia. Oppure procedono di gran carriera verso la risoluzione, inserendo un numero insufficiente di episodi fra la parte iniziale e il climax. Ciò rischia di lasciare il lettore incredulo e insoddisfatto.

Per costruire uno sviluppo dal giusto respiro, è necessario escogitare un numero sufficiente di situazioni narrative. Se non ne avete abbastanza, cercate ispirazione (per esempio in altri romanzi o in serie televisive) e servitevi del metodo della lista.

Buttate giù, senza pensarci troppo, una lista di tutto quello che può succedere al vostro protagonista (come spiegato al capitolo 11).

Per scrivere il corpo centrale della storia, non dovete far altro che concepire un numero sufficiente di scene.

Le scene serviranno ad arricchire sia la trama, sia i personaggi. Una trama in cui il conflitto non si risolve subito, ma si sviluppa secondo un andamento ad alti e bassi, sarà ricca di suspense. E personaggi che passano attraverso scene che li mettono alla prova ne risulteranno maggiormente caratterizzati.

Immaginatevi ciascuna scena come una lotta: il protagonista dovrà cercare di ottenere qualcosa (in vista del suo obiettivo finale), ma verrà ostacolato e alla fine della scena subirà una sconfitta o otterrà soltanto una mezza vittoria. Il che lo spingerà verso la scena successiva.

Non tutti gli episodi che vi verranno in mente saranno idonei a essere drammatizzati. Se un personaggio si reca in un'altra città, e questo viaggio non ha molta importanza per la storia, sarà meglio riportarlo non con una scena, ma con un sommario narrativo.

Mettete in scena tutti gli eventi più importanti della storia, che avranno effetto sulla risoluzione finale, o che servono a caratterizzare i personaggi.

Per selezionare le scene, dovrete anche decidere da che punto di vista viene narrata la storia (vedi capitolo 14). L'importanza di certi episodi rispetto ad altri dipende dalla prospettiva con cui è filtrata la storia. Il personaggio portatore del punto di vista dovrà essere presente in queste scene.

È possibile che, nel processo di ideazione delle scene, vogliate sperimentare un punto di vista diverso. Potreste accorgervi che la storia ha aspetti più interessanti se narrata da un'altra angolazione. Non esitate a cambiare il punto di vista, anche se può risultarne tutta un'altra storia. Anzi, è consigliabile riflettere su questo aspetto dell'impianto narrativo, dopo avere stilato la prima scaletta.

Come alzare la posta in gioco

Nella successione di scene tipica della parte centrale della storia, dovrete fare in modo che il protagonista rimanga impegnato nella lotta, senza potersi tirare indietro.

A questo scopo, dovete "alzare la posta in gioco" (per usare un termine della scuola di scrittura creativa americana), ovvero peggiorare le cose per il protagonista.

Alcuni suggerimenti:

- Introdurre una minaccia fisica: qualcuno attenta alla vita del protagonista.

- Fare entrare in scena un nuovo personaggio che complica le cose: un antagonista, un vendicatore o qualcuno dal passato del protagonista.
- Minare la carriera del protagonista: una sospensione, un licenziamento.
- Creare un conflitto interiore o un conflitto morale nel protagonista.
- Mettere in pericolo una persona cara al protagonista.
- Far riemergere un segreto dal passato.

Servitevi di uno di questi eventi per far terminare la seconda parte con un disastro.

Potete concepite il disastro come un colpo di scena: una svolta inaspettata degli eventi, una rivelazione, una catastrofe.

Questo disastro sarà un punto di non ritorno. Costringerà il protagonista a battersi, fino allo scontro del climax.

La fine

Nella parte finale si collocano il climax e la risoluzione della storia.

Il climax

Il climax è l'episodio di massima tensione, alla fine del quale viene data risposta al quesito posto dalla storia.

In un giallo sarà l'inseguimento e la cattura dell'assassino. In una storia d'amore, sarà il ricongiungimento degli innamorati. In un romanzo di formazione sarà il momento in cui il giovane protagonista capisce qual è il senso della vita. Se la storia ruota attorno al cambiamento di un protagonista, il climax sarà la scena in cui il protagonista capisce di essere cambiato.

Nel climax viene messa in scena una lotta fra il protagonista e le forze antagoniste. Questa lotta può essere fisica, come nei thriller di azione, o verbale, come nei thriller giudiziari, oppure anche morale, come nelle storie in cui si scontrano due visioni del mondo. Può essere persino una lotta interiore, tutta interna al protagonista.

Come rilevato sopra, il climax deve essere "messo in scena" e non riassunto. L'esposizione non è una modalità narrativa adatta al climax, perché non coinvolge il lettore. Guardatevi quindi dal riportare la risoluzione della vostra storia con la strategia del *telling*. Il climax deve essere *mostrato* attraverso una scena.

Il finale

Riflettete bene su come far finire la vostra storia. Molti scrittori sviluppano la storia a partire dal finale, perché è il finale la chiave interpretativa della storia.

Il finale può essere un *lieto fine*: l'assassino viene catturato, gli innamorati convolano a nozze. È un tipo di finale che il lettore si aspetta nel caso dei gialli classici e del genere *romance*. È anche un finale consolatorio per il lettore, che sarà contento di avere letto una storia in cui, a differenza di quanto succede nella vita reale, le cose finiscono bene.

Ma forse preferite il finale negativo, in cui il protagonista viene sconfitto: un esempio classico è quello di *Via col vento* di Margaret Mitchell: qui l'eroina finisce sola e abbandonata. Sono stati scritti molti gialli in cui il commissario non riesce a catturare l'assassino. E anche thriller giudiziari, in cui il protagonista non riesce a fare condannare il colpevole.

Esiste anche il *finale ambiguo*, in cui

a) il protagonista raggiunge l'obiettivo, ma... si accorge che non è più ciò che vuole, o si tratta di una vittoria di Pirro, o insorgono altre condizioni limitative;

b) il protagonista viene sconfitto, ma... la sconfitta risulta essere un'opzione migliore, oppure si prospetta una possibilità di rivincita, oppure l'obiettivo originario ha perso importanza.

Il finale ambiguo ha un vantaggio: costringe il lettore a pensare.

Non importa quale tipo di finale sceglierete per la vostra storia. L'importante è che il finale risponda al quesito della storia in modo soddisfacente. Il vostro scopo è quello di coinvolgere il lettore. Il finale migliore è quello che provoca una risonanza nel lettore, cioè un'emozione prolungata, di cui si ricorderà anche dopo avere finito il libro.

Alcuni suggerimenti:

- non focalizzare il finale su personaggi diversi dal protagonista o su problemi diversi dal quesito centrale della storia

- un lieto fine deve essere preparato: il protagonista deve dimostrare di meritare la vittoria grazie a una maturazione. Nello sviluppo ci dovranno essere episodi in cui il protagonista viene sconfitto, ma acquisisce le capacità necessarie per riportare la vittoria finale. Prima della risoluzione, ci dovrà essere un momento in cui il protagonista crede di non farcela

- non paracadutate soluzioni miracolose dall'alto (il cosiddetto *deus ex machina*): se il protagonista riporta una vittoria inaspettata, gli espedienti da lui usati dovranno essere stati anticipati nel corso della storia. Né la vittoria potrà essere frutto di una coincidenza fortuita

- con il finale, cercate di fare "giustizia poetica", cioè di dare al protagonista quello che vuole davvero. Che non deve essere necessariamente l'obiettivo che aveva all'inizio della storia. Pensate al *Diario di Bridget Jones* (prototipo di molte storie d'amore): l'eroina non conquista l'uomo di cui è innamorata all'inizio, ma un uomo che le capita di conoscere in un secondo tempo, il quale risulta essere migliore del primo. La maturazione del protagonista porta a ridefinire i suoi obiettivi

- usate il tema del sacrificio: il film *Casablanca* ha uno dei finali più celebri della storia del cinema, benché non si tratti di un lieto fine. Il protagonista Rick, lasciando andare via la sua amata Ilsa, rinuncia alla felicità personale in nome di un più alto ideale. È questo elemento di sacrificio che fa emozionare lo spettatore. Provate a fare lo stesso: nel momento del climax, fate in modo che il vostro protagonista debba fare un sacrificio, o compiere una scelta morale. Una scelta fra la fedeltà a un principio e una soluzione facile. Oppure fra un dovere sociale e la felicità individuale

- non fermatevi al primo finale che vi viene in mente. Con il metodo della lista, buttate giù almeno una decina di possibili finali. Non giudicate, inserite nella lista anche finali assurdi. Lasciate riposare la lista per qualche giorno e poi riflettete. Forse vi verrà in mente una possibilità a cui non avevate pensato

- non esitate a inserire nel finale colpi di scena e agnizioni (vedi capitolo 21)

- per il finale, sperimentate modalità narrative diverse dall'esposizione. Potete chiudere il romanzo con una battuta di dialogo. Oppure con una descrizione. O con un discorso indiretto libero.

L'epilogo

Se nel finale non è stata data risposta a tutte le domande, potete aggiungere un epilogo, in cui risolvere tutti i quesiti aperti. Oggetto dell'epilogo può anche essere la fine che hanno fatto i protagonisti, anni dopo.

L'epilogo ha normalmente la forma dell'esposizione. Ma una scena o un dialogo possono essere un'alternativa originale. L'epilogo di *Via col vento* è una scena con monologo interiore: vi si vede Rossella che prende in mano una manciata di terra e dà espressione ai suoi pensieri.

Esercizio 14. (il finale)

Esaminate il finale del vostro manoscritto o della vostra scaletta.

Fate una lista di 10 finali alternativi, ciascuno enunciato in una frase. Quindi sceglietene 3 e sviluppateli sotto forma di breve scena.

Se facendo l'esercizio trovate un finale che vi ispira, utilizzatelo come finale della vostra storia. E cosa fare del vecchio finale? Riciclatelo in funzione di colpo di scena. In parole povere: la vostra storia sembrerà finire con il vecchio finale, ma un colpo di scena la farà terminare con il nuovo finale.

13. Verifica: la struttura in tre atti

La struttura in tre atti è uno dei mostri sacri della scrittura creativa. E lo è a ragione, perché si tratta di un modello che funziona, e che è alla base di innumerevoli romanzi e sceneggiature.

Vi consiglio però di affrontare questo modello teorico solo dopo che avrete messo a punto una prima scaletta della vostra trama, in modo che non sia per voi una gabbia. La vostra storia potrà avere due, quattro, cinque o sei atti. La struttura in tre atti è soltanto un modello orientativo.

La struttura in tre atti serve principalmente a evidenziare i punti nodali che non possono mancare in nessuna trama.

Verificate che questi punti nodali siano presenti nella scaletta che avete stilato.

La struttura in 3 atti

Come spiegato nel capitolo precedente qualsiasi storia è costituita da un inizio, da uno sviluppo e da una fine. Semplificando, si tratta dei tre atti.

Di seguito farò un riassunto della teoria, indicando in grassetto gli elementi indispensabili di ciascuno dei tre atti.

La cosa più importante sono i punti di transizione, che chiameremo *"punti di non ritorno"*. Qui deve succedere qualcosa di esteriore o interiore che spinga il protagonista verso la fase successiva della storia, senza possibilità di tornare indietro.

<u>1° atto</u>

L'inizio di una storia contiene due punti nodali obbligatori: l'incidente scatenante e il 1° punto di non ritorno.

Incidente scatenante: è un evento che rompe lo status quo del protagonista. Può trattarsi di un cambiamento, di una persona che arriva, di un incontro, di una lettera. In un giallo sarà il ritrovamento di un cadavere, in una storia d'amore l'incontro che fa insorgere l'innamoramento.

In seguito a questo incidente, il protagonista verrà lanciato verso un obiettivo, che può consistere nell'ottenere qualcosa o nell'evitare qualcosa. A seconda del genere, può trattarsi della soluzione di un enigma, dell'ottenimento della giustizia, del raggiungimento della maturità, della conquista del grande amore. Questa fase si conclude con il **1° punto di non ritorno,** che comprende la decisione del protagonista di rompere con lo status quo e perseguire l'obiettivo.

Qualcuno ha chiamato questo punto nodale "superamento della soglia": qui il protagonista si impegna a perseguire l'obiettivo, senza avere la possibilità di tornare indietro. La transizione dovrà essere necessaria e ineluttabile. Per ottenere questa ineluttabilità, la miglior cosa è inserire un colpo di scena.

<u>2° atto</u>

In questa fase il protagonista entra in conflitto con forze antagoniste, in un processo di **inasprimento del conflitto.** Il conflitto dovrà svilupparsi fra alti e bassi, che sbattano il protagonista fra il successo e la sconfitta. È importante che le forze antagoniste sembrino invincibili. Esempi: dopo una sconfitta, il protagonista non molla e ha un'idea brillante per raggiungere l'obiettivo. Tuttavia un ostacolo imprevisto si frappone fra il protagonista e la meta. Il protagonista subisce una crisi e crede di non poter farcela. Quindi il protagonista si rialza, trova una nuova possibilità e decide di battersi con tutte le forze (in ciò subisce un cambiamento, si trasforma da persona qualsiasi in un vero e proprio "guerriero").

Il 2° atto si conclude con la decisione del protagonista di battersi fino alla fine, che coincide con il 2° *punto di non ritorno*.

Anche il 2° punto di non ritorno dovrà essere ineluttabile e necessario. Si consiglia di inserire un colpo di scena che peggiora le cose per il protagonista.

Potrà esserci un dilemma: il protagonista deve fare una scelta (per esempio fra interesse personale e dirittura morale).

È importante dare a questo momento di transizione il giusto peso narrativo, per esempio mostrandolo con una scena ricca di beat di reazione, da cui emergono le emozioni del personaggio.

3° atto

Se il secondo atto finisce con un disastro, nel terzo atto ci sarà inizialmente spazio per una **crisi**, per un episodio "tutto è perduto". Qui potrà essere inserito un "momento della verità", in cui il protagonista fa un bilancio di se stesso, o capisce perché finora non ha riportato la vittoria. Quindi il protagonista perviene allo scontro finale con le forze antagoniste: il cosiddetto **climax**. Durante lo scontro, il protagonista potrà inizialmente soccombere. Come farà a risollevarsi? Gli sceneggiatori consigliano di dotare il protagonista, fin dall'inizio, di un **fattore Q (**dal nome dell'ingegnere che fornisce futuristici dispositivi tecnici a James Bond): un'arma segreta, un talismano o qualcosa di astratto, che dà al protagonista la forza di battersi. Può essere un'arma vera e propria, un medaglione con la foto della madre, o anche soltanto la frase di un mentore, di cui il protagonista si ricorda. Quest'arma segreta dovrà essere stata anticipata nel corso della storia.

Il fattore Q è l'espediente con cui il protagonista riporta la vittoria e può coincidere con un colpo di scena.

Ma i colpi di scena non finiscono qui. Nel **climax** può essere inserita addirittura un'agnizione: l'antagonista è in realtà un alleato; l'amico è in realtà un nemico; il protagonista scopre la sua vera identità;

il protagonista riconosce che l'obiettivo non è degno di essere perseguito.

Durante lo scontro o rivelazione finale, il protagonista potrà vivere anche un climax emozionale, in cui si accorge di essere cambiato.

Nella **risoluzione** il protagonista esce vittorioso (lieto fine), oppure sconfitto, oppure una via di mezzo che però sia una catarsi.

Ultima nota: se avete optato per un finale negativo, le varie fasi della storia dovranno avere un segno opposto. Per esempio, all'inizio del terzo atto il protagonista dovrà trovarsi non in una crisi, ma in una situazione vittoriosa. Il lettore dovrà credere che l'eroe sia in procinto di vincere. Sarà soltanto alla fine, dopo il colpo di scena, che si affermerà la sconfitta.

Una scaletta modello

La seguente scaletta non è una gabbia: usatela a piacere, a scopo di verifica o di ispirazione.

I atto

	Spiegazione	**Esempio**
Prologo	Crea un'aura di mistero, PdV diverso dal protagonista, enigmatico per il lettore, usato nei thriller	Una scena di violenza, rapimento, morte Un resoconto di fatti misteriosi Una lettera
Incidente scatenante	Evento che disturba il mondo ordinario del protagonista e lo spinge ad agire	Incontro amoroso Ritrovamento di cadavere Una telefonata L'arrivo di qualcuno una catastrofe
Scena di simpatia	Scena che susciti simpatia per il protagonista, di cui vengono mostrati gli	Cura di un disabile Ricordo di una moglie morta

	aspetti umani, oppure le straordinarie capacità	Difesa di un amico Una prestazione atletica
Rifiuto della chiamata	Riluttanza del protagonista ad accettare la sfida	L'investigatore rifiuta il caso L'innamorata si chiude in casa L'uomo ordinario vuole farsi i fatti suoi
Guai in arrivo	Entrata di personaggi minori Vita normale del protagonista Ma qualcosa deve anticipare i guai in arrivo	Entrata di un nuovo personaggio Un cambiamento atmosferico Una premonizione Un dialogo che semina tempesta
Passaggio	Una novità spinge il	Un'urgenza

della soglia	protagonista ad andare avanti	temporale Un congiunto in pericolo Un omicida può uccidere ancora Una separazione

II atto

Primo ostacolo	Il protagonista deve superare il primo ostacolo (esteriore o interiore)	Rifiuto amoroso La città è inospitale L'omicida colpisce ancora
Raccolta delle forze	Riflessione o dialogo sulle possibilità di riuscita Può entrare	Una conferenza Il consiglio di un'amica Il parere di un esperto

	in scena un mentore	
Un colpo basso	Il secondo ostacolo è peggiore del primo	Minaccia fisica Licenziamento Trasferimento Colleghi corrotti Una rivale in amore
Illuminazione	Il protagonista fa un bilancio delle proprie chance. Interiore: deve superare le proprie debolezze. Esteriore: il nemico è troppo forte,	Sguardo allo specchio Riflessione, monologo interiore Anche nel mezzo di una scena di azione

	occorrono altre risorse	
Scena di soccorso agli indifesi	Il protagonista soccorre un debole (empatia)	L'agente che salva i profughi La donna che aiuta la rivale a partorire L'investigatore che salva un bambino L'eroe che dà i suoi ultimi denari a un bisognoso
Verso la battaglia finale	Colpo di scena che rende la battaglia inevitabile	Una nuova pista Una scoperta Una rivelazione Un moto interiore

III atto

Il nemico è invincibile	Qui vengono mostrate le forze crescenti del nemico, la	Scena di azione in cui il protagonista

	difficoltà della sfida	soccombe Sconfitta morale La rivale in amore prevale
Tutto è perduto	Il protagonista si trova in una via senza uscita. Sta per perdere tutto	Prigionia, tortura, morte imminente Disperazione, solitudine Dilemma morale
L'arma segreta	Il protagonista ricorre a una risorsa, arma, fede, ispirazione (questo elemento dovrà essere stato anticipato)	Un dispositivo tecnico Il ricordo della madre La fede in qualcosa Un amuleto La frase di un mentore

		Un simbolo
Vittoria finale	Grazie all'arma segreta, il protagonista sconfigge l'antagonista / vince la sfida	Battaglia fisica Sesso Lotta interiore Dialogo risolutivo
Trasformazione e fine	Scena che mostra il cambiamento del protagonista	Un oggetto da cui il protagonista si separa Un dialogo significativo Cambiamento nel ritorno alla vita normale Ripetizione di una frase iniziale, con senso opposto

I termini "superamento della soglia" o "mentore" sono tratti da *Il viaggio dell'eroe* di C. Vogler. Se ne consiglia la lettura.

14. Il punto di vista

Una delle decisioni strategiche più importanti per la costruzione della storia è quella relativa al punto di vista.

Dovete stabilire 1) da quale punto di vista viene narrata la storia 2) se volete utilizzare uno o più punti di vista.

La narrativa moderna si serve perlopiù di un punto di vista focalizzato su un personaggio, che chiameremo "personaggio focale".

Questa tecnica consiste nel piazzare il lettore nella mente e nelle emozioni del personaggio centrale della storia.

Se ben utilizzata, questa tecnica provoca l'immedesimazione e il coinvolgimento massimo del lettore.

Scegliete bene il personaggio focale: dovrà essere colui che subisce il cambiamento, o colui che trasmette il messaggio, o colui che ha la maggiore posta in gioco. In genere si tratta del protagonista.

Una volta scelto il personaggio focale, l'oggetto del narrato dovrà essere limitato a questo punto di vista: se siete nella testa di Laura, non potrete descrivere ciò che pensa Marco. Per riportare quello che accade nell'animo di Marco dovrete fare ricorso al dialogo, oppure descrivere le reazioni fisiche di Marco. Se siete nella testa di Laura, non potrete riportare ciò che succede a 300 km di distanza, o dovrete usare un trucco (per esempio Laura che guarda un notiziario in televisione).

Per scegliere il personaggio focale, considerate che questo personaggio dovrà essere presente sulla scena degli episodi più importanti, come l'incidente scatenante o il climax. Altrimenti non potrà raccontarli dal suo punto di vista.

Significa anche che gli eventi narrati saranno sempre filtrati attraverso i sensi, le emozioni e i pensieri del personaggio. Ciò darà un'impronta soggettiva al narrato, trasformando una trama che può essere scontata in una storia originale.

Quando si troverà in una scena, il personaggio focale la descriverà dal basso, vedendo i dettagli che gli interessano e rimanendo colpito da impressioni sensoriali (gli odori, i suoni). Ci parlerà delle sue reazioni e di quello che sta pensando. Anche in una scena di azione.

Ricordate di mettervi nella testa del personaggio focale, quando scrivete. Durante la revisione, controllate di non avere riportato fatti, pensieri o emozioni che il personaggio focale non può conoscere. Si tratta di un errore molto comune.

Si possono utilizzare più personaggi focali in una storia? Sì, tuttavia sarà bene limitare il numero di personaggi focali e mantenere l'unità di punto di vista in ciascun capitolo. Ciò significa che quando cambiate il personaggio focale sarà bene cambiare anche il capitolo.
Per non generare confusione nel lettore, segnalate il cambio di punto di vista subito, all'inizio del capitolo. Il cambiamento di punto di vista dovrà essere chiaro.

La tecnica di alternare il punto di vista dell'investigatore a quello dell'assassino è usata in molti thriller.

Ma ci sono bellissimi romanzi in cui la storia è completamente narrata dal punto di vista di un unico personaggio focale.

Il personaggio focale non deve essere il protagonista. L'esempio classico è *Il grande Gatsby* di F.S. Fitzgerald, in cui la storia è narrata dal punto di vista di un amico di Gatsby. Tuttavia è questo amico il personaggio che ha il maggiore coinvolgimento nella storia, e anche colui che trasmette il messaggio al lettore.

Esercizio 15. (cambio del punto di vista)

Variante A

Servitevi di un capitolo qualsiasi del vostro manoscritto, anche del capitolo iniziale. Riscrivetelo dal punto di vista di un altro personaggio. Se è un giallo, invece dell'investigatore usate come personaggio focale la sua spalla. Se è un romanzo di formazione o una storia d'amore, al posto della protagonista prendete la sua migliore amica.

Questo esercizio vi aiuterà a riflettere sulla vostra storia: avete davvero usato il punto di vista più efficace?

Variante B

Prendete la favola di Cappuccetto Rosso e riscrivetela dal punto di vista del lupo. (Curiosità: si tratta di uno degli esercizi classici proposti dalle scuole di scrittura creativa.)

Non vi ispira Cappuccetto Rosso? Riscrivete la favola di Cenerentola dal punto di vista della sorellastra. Immaginate che sia una sorellastra emancipata: lei non cerca il principe azzurro, ma vuole fare la pittrice ed essere ammessa alla bottega di un famoso pittore fiammingo. (Curiosità: è la trama del film *Confessions of an Ugly Stepsister*).

Esercizio 16. (la storia cangiante)

Prendete una storia che avete già scritto o una storia che avete in mente.

Fate una lista dei personaggi principali.

Di ciascun personaggio fate una breve scheda.

Scrivete quindi, per ogni personaggio, un sommario della vostra storia dal suo punto di vista.

Esempio: supponiamo che la storia parli di un uomo trovato assassinato nella sua villa.

I personaggi sono: il vicequestore che dirige le indagini, l'ispettore che gli fa da spalla, l'anziana moglie del morto, il figlio maggiore del morto, la figlia ancora adolescente e la domestica della villa.

Raccontando la storia dal punto di vista del vicequestore, avremo un giallo.

Dal punto di vista dell'ispettore, avremo un giallo narrato con una distanza rispetto all'investigatore, in cui si può esprimere ironia o ammirazione.

Dal punto di vista della moglie, che magari è l'assassina, sarà un thriller.

Dal punto di vista del figlio, sarà un dramma familiare.

Dal punto di vista della figlia adolescente, sarà un romanzo di formazione.

Dal punto di vista della domestica, sarà un dramma sociale.

Vedere la storia da più punti di vista è inoltre un buon metodo per individuare nuovi aspetti della trama.

15. Il narratore

Il narratore è l'istanza che racconta la storia. Abituatevi a pensare al narratore come a un livello del testo. Il livello che sta immediatamente al di sopra del personaggio focale, o coincide con esso.

Il narratore non deve essere necessariamente un personaggio della storia. Nella narrativa dell'Ottocento era comune un tipo di narratore che è in grado di entrare nella testa di ciascun personaggio e sa tutto della storia, compreso ciò che succederà in futuro e ciò che si svolge a migliaia di chilometri di distanza: il narratore onnisciente.

Il narratore onnisciente racconta da un punto di vista normalmente situato in alto rispetto alle vicende, ma può calarsi di volta in volta in ciascun personaggio. Il narratore onnisciente può rivolgersi direttamente al lettore e può somministrare giudizi morali. Leggete un romanzo di Charles Dickens o *I Promessi Sposi* per comprendere bene il concetto.

La tecnica del narratore onnisciente può essere usata anche oggi: un narratore onnisciente potrà adattarsi a un romanzo epico, che abbia per esempio come oggetto la storia di una famiglia sullo sfondo di eventi storici.

Ma occorre fare attenzione a usare la tecnica del narratore onnisciente in modo consapevole.

Fra gli errori più comuni degli scrittori alle prime armi ci sono le intrusioni involontarie del narratore onnisciente. Tali intrusioni si verificano ogniqualvolta vengono riportati pensieri, eventi, emozioni, descrizioni di luoghi, di cui il personaggio focale non può essere a conoscenza.

Supponiamo che una storia venga narrata dal punto di vista di Laura. Se nel bel mezzo della scena viene inserito un giudizio sul comportamento di Laura, si fa riferimento a un evento futuro, oppure vengono riportati i pensieri di un altro personaggio, si tratta dell'intrusione di un narratore onnisciente.

Se avete un manoscritto pronto, si consiglia di fare una revisione concentrata sulla ricerca delle intrusioni del narratore onnisciente.

Il narratore focalizzato

In molta parte della narrativa moderna il narratore coincide con il personaggio focale. Il personaggio che detiene il punto di vista è allo stesso tempo il narratore della storia. Anche la voce del narratore coincide con quella del personaggio focale.

Questa tecnica del "narratore focalizzato" è popolare e personalmente la consiglio, perché consente il coinvolgimento massimo del lettore.

Applicando bene questa tecnica, il lettore non viene mai messo a conoscenza di cose che il personaggio focale non può sapere. Salvo che si utilizzino più personaggi focali (anch'essa tecnica oggi molto usata).

Come scegliere il narratore focalizzato?

Come detto sopra, normalmente si usa il protagonista, perché ciò ha diversi vantaggi: è il personaggio presente in quasi tutte le situazioni, soprattutto nei momenti salienti della storia. È il personaggio che più coinvolge il lettore. La focalizzazione ci permette di riportare i suoi pensieri e quello che sta provando.

Ma ci sono romanzi in cui il narratore focalizzato non è il protagonista, ma per esempio il suo migliore amico. L'esempio più celebre è *Il grande Gatsby*. È una questione sulla quale i maestri di scrittura creativa sono divisi: alcuni sostengono che il narratore focalizzato è sempre il protagonista. Secondo questa tesi il protagonista del *Grande Gatsby* non sarebbe Gatsby ma il narratore Nick Carradine, anche perché è colui che trasmette il messaggio al lettore.

Ma si tratta di discussioni accademiche: l'importante è che scegliate il narratore in base alle esigenze della vostra storia.

Un narratore non protagonista può servire a dare una visione distaccata e ironica del protagonista, ma anche a esprimere ammirazione nei confronti del protagonista, rendendolo più straordinario agli occhi del lettore.

Prima o terza persona?

Semplificando, ed escludendo volutamente tipi di narrazione che è meglio non usare all'inizio della carriera (per esempio la narrazione in seconda persona), dovrete decidere se narrare in prima persona o in terza persona.

La prima persona viene usata in molti thriller e ha il vantaggio dell'immediatezza, che suscita più facilmente l'identificazione del lettore. Il lettore avrà l'impressione che qualcuno gli si rivolga direttamente e che il personaggio sia una specie di amico.

Però attenzione: se non riuscite a riprodurre sulla carta la voce individuale del personaggio, questa tecnica può sortire l'effetto opposto.

Prima di scrivere in prima persona, si consiglia di fare tutti i giorni l'esercizio 3 (flusso di coscienza del personaggio). Soltanto quando la voce del personaggio emergerà in modo distinto, sarete pronti per la prima persona.

È anche una questione di inclinazioni individuali: ci sono autori che riescono meglio in prima persona, altri che si trovano più a loro agio con la terza persona.

L'unico modo per scoprire le vostre inclinazioni è provare.

Esercizio 17. (cambio fra terza e prima persona)

Variante A

Prendete il primo capitolo del vostro manoscritto: è redatto in prima o terza persona?

Adesso cambiate la persona: se il capitolo era in terza persona, riscrivetelo in prima persona e viceversa.

Esaminate il risultato: quale delle due versioni vi piace di più? E in quale delle due versioni vi siete sentiti più a vostro agio, durante la scrittura? Da quale versione emerge maggiormente la voce del personaggio?

Variante B

Prendete una scena qualsiasi dalla scaletta della vostra storia.

Scrivetene una versione in prima persona. Quindi riscrivete la scena in terza persona.

Esaminate il risultato: quale delle due versioni vi piace di più? E in quale delle due versioni vi siete sentiti più a vostro agio, durante la scrittura? Da quale versione emerge maggiormente la voce del personaggio?

Presente o passato?

Un'altra decisione che dovrete prendere in modo consapevole è quella relativa al tempo della narrazione.

La narrativa classica prediligeva il passato, che era considerato il tempo narrativo per eccellenza.

Secondo un celebre linguista, il passato remoto non serve tanto a indicare che gli eventi narrati sono passati. La principale funzione del passato remoto è comunicare all'interlocutore "Attento, sto per raccontarti qualcosa".

Personalmente, è il tempo narrativo che preferisco.

Tuttavia nella narrativa moderna si fa molto uso del presente. Moltissimi thriller sono narrati al presente: l'effetto stilistico è molto efficace, perché il lettore ha l'impressione di vivere la scena in simultanea, come se si trovasse davanti alla proiezione di un film.

Il presente risulta più immediato rispetto al passato. È una scelta più immersiva. Tuttavia il presente è più difficile da gestire. Il flusso degli eventi deve ben concepito. La narrazione richiede un maggiore impiego dello Show don't tell (vedi capitolo 20).

Ci sono lettori ai quali la narrazione al presente non piace: su un lettore abituato a leggere i classici del passato, l'uso del presente avrà un effetto straniante.

Altri lettori, abituati a fruire di cinema e televisione, invece godono dell'immediatezza offerta dal presente.

In definitiva, è una questione di gusti e di inclinazioni personali. Prima di decidere, fate la prova.

Esercizio 18. (cambio fra presente e passato)

Variante A

Prendete il primo capitolo del vostro manoscritto: lo avete scritto al passato?

Riscrivetelo al presente. Se invece il capitolo era scritto al presente, riscrivetelo al passato.

Esaminate il risultato: quale delle due versioni vi piace di più? E in quale delle due versioni vi siete sentiti più a vostro agio, durante la scrittura?

Variante B

Prendete una scena qualsiasi dalla scaletta della vostra storia.

Scrivetene una versione al passato.

Quindi riscrivete la scena al presente.

Esaminate il risultato: quale delle due versioni vi piace di più? E in quale delle due versioni vi siete sentiti più a vostro agio, durante la scrittura?

Esercizio 19. (studiare i modelli)

Nel vostro scaffale ci saranno certamente opere di narrativa scritte al passato. Si tratta di un tempo narrativo che probabilmente conoscete bene.

Provate a leggere anche qualche opera scritta al presente. L'uso del presente è cresciuto in maniera esponenziale negli ultimi tempi. Lo si trova in molti thriller e in opere di autori nuovi. Esempi:

Il senso di Smilla per la neve, Peter Høeg

Fore Morra, Diego Di Dio

Se leggendo questi autori l'uso del presente vi ispira, non esitate a farne uso.

LA SCRITTURA EFFICACE

16. Descrizioni e ambientazione

Uno dei motivi per cui ci si immerge nella lettura è il desiderio di essere trasportati in un altro luogo.

Per ottenere questo effetto, l'autore deve sapere evocare nella mente del lettore un luogo concreto, ricco di dettagli specifici, percepiti con tutti i cinque sensi.

Anche se il vostro romanzo si svolge in una città immaginaria, o in un pianeta lontano mille anni luce, l'ambientazione dovrà essere riprodotta con attenzione, allo scopo di renderla, agli occhi del lettore, "verosimile".

La scrittura non è un'evasione dalla realtà, ma un'immersione totale in una realtà diversa da quella del lettore.

Qualunque ambientazione vi apprestiate a descrivere, ricordate sempre che la vostra descrizione dovrà dare al lettore la sensazione di "essere proprio lì".

Può trattarsi di una via affollata, della stanza di un commissariato, di una sala operatoria, della cabina di un aereo: l'ambiente che circonda il personaggio è importante e deve essere riprodotto con le parole scritte. Riprodotto in modo tale che, quando il lettore leggerà quelle parole, avrà la sensazione di essere in quel luogo. Le parole dovranno catturare l'ambientazione ed evocarla nella mente del lettore.

Riuscire a trasportare il lettore nel luogo in cui si trova il personaggio avrà sul lettore l'effetto che qualsiasi autore desidera: gli farà provare una specie di incanto, lo farà sentire immerso nella storia e gli farà dimenticare quello che succede intorno a lui.

Si consiglia quindi di curare con la massima scrupolosità le ambientazioni. Ciò non significa dilungarsi in pagine e pagine di descrizione. Anzi, lunghe descrizioni sono sconsigliate nella narrativa moderna.

Lo strumento che si consiglia di usare sono i dettagli: dettagli concreti, specifici, evocati con tutti i cinque sensi.

Perché i dettagli? Perché il lettore si porta dietro un bagaglio di informazioni, che usa quando legge. Il lettore sa benissimo qual è l'aspetto di una via affollata, di una stanza, di un bosco, della sala di attesa di un aeroporto. Una volta che avrà capito dove lo state portando, per farsene un'idea attingerà al serbatoio di immagini del suo bagaglio culturale. Ma se inserite un dettaglio concreto, a cui il lettore non penserebbe, trasformerete l'immagina generica che il lettore si è formato in qualcosa di unico e particolare. Riuscirete a catturare la sua attenzione. E il gioco sarà fatto.

Ripeto che i dettagli devono essere specifici: al posto di termini generici, usate termini che evochino cose concrete. Non scrivete "un'automobile", ma "una Fiat 500". Al posto di "casa", optate per "una villetta a due piani".

Cercate di ampliare il ventaglio degli elementi oggetto di descrizione: dell'ambientazione fanno parte anche i colori, le condizioni atmosferiche, i riflessi della luce, i rumori e gli odori.

Ciò vale anche per gli strumenti linguistici. Fra gli strumenti linguistici a vostra disposizione ci sono non soltanto nomi, verbi e aggettivi, ma anche metafore, similitudini, onomatopeie, simboli.

Come trasportare il lettore in un luogo

L'ambientazione è importante soprattutto nelle scene. Prima di scrivere una scena, dovete pensare a come rendere consapevole il lettore del luogo in cui i personaggi si trovano, compresa l'architettura, il paesaggio e il tempo che fa. Anche la stagione e l'ora della giornata, che sono legate alle condizioni di luce, dovranno essere rese evidenti.

È però sconsigliato aprire il capitolo con una lunga descrizione. Descrizioni tipo *"Quel ramo del lago di Como..."*, che erano comuni nella narrativa dell'Ottocento, rischiano di annoiare il lettore moderno.

È meglio inserire spezzoni di descrizione all'interno di altre modalità narrative, come l'azione o il dialogo.

Se per esempio iniziate il capitolo mostrando il personaggio che sta facendo qualcosa, potrete inserire rimandi all'ambiente circostante fra i beat di azione. Anche nelle battute di dialogo potete accennare a dettagli dell'ambiente.

Prima di iniziare a scrivere, è utile farsi una piantina del luogo in cui si svolge la scena, e una lista di tutti gli oggetti che lo popolano, dei colori, degli odori, dei suoni e delle sensazioni tattili che il personaggio focale percepirà in quel luogo.

Quando vi apprestate a descrivere, ricordate che la descrizione sarà più efficace se è filtrata dal personaggio focale e resa nella sua voce. Sarà necessario abbassare il punto di vista. Non descrivere un ambiente dall'alto, ma dal basso, come lo vede il personaggio.

Ricordate anche che gli elementi che inserirete nella descrizione (oggetti, colori, condizioni atmosferiche, impressioni sensoriali) contribuiranno a stabilire l'atmosfera del narrato. In una storia d'amore, cercherete di evocare un'atmosfera romantica. Invece, in una storia gialla, cercherete di creare atmosfere misteriose, in cui il pericolo è in agguato dietro l'angolo.

Per affinare le capacità di descrizione, occorre imparare a osservare. Prendete l'abitudine di uscire di casa portandovi dietro un'agendina (cartacea o elettronica), dove annotare i dettagli di immagini ricavate dal mondo che vi circonda. Sedetevi in un parco e osservate non soltanto piante, alberi, colori, ma anche le persone a passeggio. Imparate a percepire l'ambiente circostante con tutti i sensi: non soltanto il verde del fogliame, ma anche l'odore di resina e le voci dei bambini. Osservate come sono vestite le persone. Lasciatevi ispirare: che cosa vedete dietro una determinata faccia, che cosa capite da una conversazione che vi capita di origliare? Sedetevi in un caffè e guardatevi intorno: prendete appunti e cercate di descrivere a parole le persone. Come farebbe un pittore con tela e pennello. Chissà che da queste frequentazioni non vi venga l'idea per il prossimo romanzo.

Esercizio 20. (un luogo del passato)

Questo esercizio consiste nel rievocare un luogo del vostro passato: un luogo di cui avete ancora impressa l'immagine nella mente. Può essere un luogo legato alle ferie (una spiaggia, una casa vacanze, un rifugio montano) oppure un luogo della vostra infanzia (la casa della nonna), oppure un luogo in cui avete vissuto per lavoro. Un locale notturno, dove incontravate gli amici. Oppure una stazione dove spesso aspettavate il treno. Un'aula scolastica. Una piscina. Uno stadio.

Chiudete gli occhi e cercate di rivedere questo luogo. Di percepirne i suoni e gli odori.

Fate una lista di tutti i dettagli di questo luogo: quando si fanno le liste, è importante scrivere a ruota libera (per bypassare la parte razionale del cervello).

Una volta redatta la lista, descrivete il luogo in mezza pagina.

Esercizio 21. (una via affollata)

Procedete come sopra, pensando questa volta a una via affollata. Fate prima un elenco di tutte le cose che la popolano. Poi fate un elenco delle impressioni sensoriali che vi assalgono quando vi trovate in una via affollata, per esempio

- gli odori
- i suoni
- i colori
- la profondità spaziale
- le sensazioni tattili

Con i due elenchi in mano, passate quindi a descrivere una scena in cui il vostro personaggio si muove in una via affollata.

Potete anche fare un passo avanti: fra le voci dei vostri elenchi, privilegiate quelle che il vostro personaggio noterebbe per prime, in base al suo temperamento e alla mentalità. Una persona che è cresciuta in una grande città reagirà diversamente a una via affollata da una che è cresciuta in uno sperduto comune montano.

Esercizio 22. (l'atmosfera)

L'oggetto di questo esercizio è descrivere un casolare di campagna.

Fate prima un elenco di tutti i dettagli di un tale luogo. E un elenco delle impressioni sensoriali: suoni, odori, colori, spazialità, impressioni tattili, gusto.

Adesso fatene due descrizioni

- una descrizione che sia adatta a una storia d'amore;
- una descrizione che sia adatta a un giallo.

Con le parole, dovete riuscire a evocare con la descrizione l'atmosfera richiesta da questi due generi di narrativa.

Gli strumenti linguistici

Mentre al cinema potete vedere i luoghi e le espressioni facciali degli attori, nonché percepire la musica di sottofondo, nella scrittura avete a disposizione soltanto le parole per evocare immagini, suoni, odori e altre sensazioni. La scrittura trasforma in parole impressioni che normalmente si trasmettono attraverso i sensi. Questo processo di trasformazione analogico/verbale è delicato. Per questo lo scrittore farà bene a non accontentarsi della prima parola che gli viene in mente. Cercherà invece quella parola che esprime al meglio ciò che intende comunicare. Idealmente questa parola comunicherà anche l'atmosfera della storia e lo stato emozionale del personaggio.

A questo scopo dovete servirvi di tutti gli strumenti linguistici a vostra disposizione. E non si tratta soltanto di padroneggiare l'italiano, ma di sbizzarrirsi con metafore, similitudini, simboli. Di cercare sinonimi e immagini non banali.

Il miglior modo per imparare a cesellare le parole è leggere con attenzione i maestri. E, perché no, copiarli, anche solo per esercizio. Avete recentemente letto un'opera che vi ha colpito particolarmente? Esaminatene lo stile, e provate a scrivere mezza pagina imitando quel tipo di scrittura.

Un altro metodo è scrivere poesia. Si tratta di un tipo di espressione artistica che costringe a dare peso alle parole. Osservate un quadro, o un panorama, fino a sentirvi ispirati. Buttate già alcuni versi sul vostro taccuino.

Alcuni suggerimenti per l'uso degli strumenti linguistici:

Aggettivi: usarli con parsimonia e precisione. Cercare l'aggettivo che esprime esattamente ciò che volete dire, anche servendosi di un dizionario dei sinonimi (ce n'è uno fra gli strumenti di Word). Evitare le ripetizioni (due aggettivi che vogliono dire la stessa cosa) e le sfilze di aggettivi. Attenzione all'avverbio "molto", spesso superfluo oppure sostituibile. Invece di scrivere "molto bello", sforzatevi di trovare qualcosa di più originale.

Avverbi: gli avverbi vengono usati per modificare il senso di verbi, aggettivi, altri avverbi

Laura mangiò avidamente

Provate a esprimere lo stesso concetto con un verbo più preciso:

Laura ***divorò*** *la cena*

Attenzione agli avverbi e alle locuzioni avverbiali nelle reggenti dei dialoghi:

«Sei proprio uno stronzo» ***disse*** *Laura* ***con rabbia.***

La locuzione "con rabbia" è superflua, perché la rabbia del personaggio si presume dal termine *stronzo*. Se però si desidera sottolineare la rabbia, ecco un'alternativa più efficace:

«Sei proprio uno stronzo» ***sbottò*** *Laura.*

Attenzione agli avverbi "molto" "troppo", "eccessivamente". Se non aggiungono niente, eliminateli.

Metafore, similitudini: fate uso di metafore e similitudini. In particolare la metafora, che è una similitudine abbreviata, è in grado di evocare un'immagine in modo concreto, passando per i circuiti non razionali, ma emozionali del lettore.

Per trarre ispirazione: i testi religiosi sono ricchi di metafore e similitudini. Ma lo sono anche i romanzi dei vostri autori preferiti. Studiateli.

Simboli: i simboli servono a fornire un'immagine concreta a nozioni che tendono a rimanere astratte, per esempio il tema della vostra opera. Inoltre essi provocano un senso di risonanza nel lettore. Qualsiasi oggetto si presta a trasformarsi in un simbolo, sia che si tratti di qualcosa creato dall'uomo, sia che faccia parte della natura. Normalmente i simboli si instaurano nel testo senza che l'autore l'abbia voluto. Se però vi accorgete che nel vostro manoscritto c'è qualcosa degno di trasformarsi in un simbolo, fatene uso ricorrente nella storia. È anche attraverso la ripetizione che il simbolo diventa tale.

Avvertenza: l'uso degli strumenti linguistici non deve essere fine a se stesso, ma al servizio di ciò che volete esprimere. Non innamoratevi di particolari espressioni che siete riusciti a cesellare, né di similitudini ardite. Se dal testo traspare il tentativo di utilizzare un linguaggio forbito, ciò provocherà nel lettore un brusco risveglio dall'incanto della lettura.

Esercizio 23. (le parole giuste)

Armatevi di computer portatile e mettetevi a sedere in un luogo che vi stimoli: potrà essere una terrazza sul mare, un locale pubblico o la panchina di un parco. Per prima cosa annotate tutti i dettagli dell'ambiente circostante, come all'esercizio 21.

Per ciascuna parola del vostro elenco, cercate un termine migliore. Il rumore del traffico è assordante?

Cercate di esprimere questa impressione sensoriale con una metafora o similitudine. Che cosa vi ricorda questo rumore assordante?

Avete un vecchio che cammina a stento? Sostituite *camminare a stento* con un altro verbo.

Esercizio 24. (aggettivi e avverbi)

In un passaggio del vostro manoscritto, cercate tutti gli aggettivi e gli avverbi. Esaminate quindi 1) se potete sostituirli con termini più efficaci, il che vale specialmente per la combinazione verbo/avverbio 2) se sono davvero necessari (per esempio nel caso di una sfilza di aggettivi).

Le impressioni sensoriali

L'ingrediente più importante per trasportare il lettore in un luogo sono le impressioni sensoriali. Riproducendo le impressioni sensoriali, otterrete una percezione mentale degli oggetti che state descrivendo.

Le impressioni sensoriali sono fornite da vista, udito, olfatto, tatto e gusto.

Non dovete usarle tutte insieme, ma dosarle a seconda della situazione narrativa e del personaggio che percepisce (per un bambino il tatto è più importante che per un adulto). In certe situazioni sarà predominante l'odore delle cose, in altre la sensazione tattile.

La prima impressione sensoriale che vi verrà in mente sarà la vista. Ma cercate di andare oltre, immaginandovi qual è l'odore di un luogo, o persino il sapore.

- Vista

È il senso che userete più spesso nelle descrizioni. Attenzione quindi a non abusarne, a scapito degli altri sensi.

Quando descrivete un luogo, non dimenticate la spazialità, i colori e la luce. Il senso di vastità o di chiuso è una delle prime cose che si percepiscono di un ambiente, assieme alla luminosità. I colori sono importanti per dare concretezza alle immagini.

Metafore e similitudini possono rendere originali le descrizioni. Soprattutto le metafore inconsuete. Per trovare una metafora, chiedetevi: che cosa mi ricorda questa cosa? Ma attenzione: un oggetto descritto con particolare perizia linguistica fa insorgere nella mente del lettore l'idea che si tratti di un elemento importante per la storia. Se l'oggetto è insignificante e non ha effetti sulla storia, meglio non dedicargli troppa attenzione.

Non dilungatevi in descrizioni visive. Cercate invece di apporre pennellate strategiche.

Esercizio 25. (scena di un film)

Una buona fonte di immagini sono i film e le serie televisive. Se volete descrivere una città in cui non siete mai stati (soprattutto se in epoca storica diversa da quella contemporanea), un buon espediente è osservare un film ambientato in quella città.

Per questo esercizio dovrete scegliere una scena da un film a piacere. Preferibilmente una scena dove sia ritratto un ambiente esterno. Ma può anche trattarsi di una stanza. Conoscete il film *Parasite* di Bong Joon-ho? Questo film presenta interni interessanti, che assurgono a un valore simbolico.

Una volta scelta la scena, fatene un fermo immagine e descrivetela. Stendete prima un elenco degli oggetti che la popolano. Quindi passate a stilare la descrizione. Se volete portare l'attenzione su un particolare dettaglio, scegliete con cura le parole.

- Olfatto

L'olfatto è un senso potente, spesso sottovalutato. L'odore è una componente essenziale dell'attrazione erotica, per cui dovrà essere menzionato nelle scene di amore e far parte della caratterizzazione di personaggi attraenti.

Un'altra funzione delle impressioni olfattive è quella di scatenare i ricordi. Una funzione spesso usata in letteratura e che tutti abbiamo sperimentato a livello personale. Vi sarà certamente successo di percepire un odore che vi riporta a un luogo lontano nello spazio o nel tempo.

Un'impressione olfattiva è l'ideale per introdurre un flashback: investito da un particolare odore, il personaggio è costretto a ripensare a un episodio del passato. Quindi viene rievocato l'episodio, sotto forma di breve scena.

Ma le impressioni olfattive vi serviranno principalmente per arricchire la descrizione degli ambienti.

Nel romanzo *Il profumo*, l'autore P. Süskind descrive la città di Parigi in base agli odori. Così facendo, caratterizza anche il protagonista, il quale è una specie di tossicomane delle sensazioni olfattive. Osservate come Süskind, in un altro passaggio, descrive il mare:

> *Il mare aveva l'odore di una vela gonfia di vento in cui rimaneva un sentore d'acqua, di sale e di un sole freddo. Aveva un odore semplice, il mare, ma nello stesso tempo così vasto e unico nel suo genere, che Grenouille esitava a suddividerlo in odore di pesce, di sale, di acqua, di alga, di fresco e così via. Preferiva lasciare intatto l'odore del mare, lo custodiva intero nella memoria e lo godeva indiviso. L'odore del mare gli piaceva tanto che avrebbe desiderato una volta averlo puro, non mescolato e in quantità tale da potersene ubriacare.*

Ricordate che potete evocare odori gradevoli, ma anche odori sgradevoli, nauseanti, odori che rimandano a un passato doloroso. La nausea aggredisce il lettore e lo aggancia alla storia.

- Tatto

Le impressioni tattili vengono usate per descrivere una vasta gamma di sensazioni, dal piacere sensuale al dolore fisico di una tortura. Anche emozioni astratte, come l'invidia, possono esprimersi nel volere toccare qualcosa.

Anche qui è necessario cercare le parole che evochino esattamente la sensazione. Pensate a descrivere l'intensità della sensazione, per esempio del dolore. Una semplice mal di testa è diverso dal dolore lancinante di una tortura. Se la sensazione viene provata durante una scena nodale, dovrete riprodurre questa sensazione con un numero sufficiente di parole.

Descrivendo sensazioni tattili, che possono anche essere di piacere, fate attenzione a riportare la reazione del personaggio. Se il personaggio si passa qualcosa fra le dita, potete usare una metafora o una similitudine per indicare quello che il personaggio sente.

Inserite sensazioni tattili nella vostra storia. Le sensazioni tattili non potranno mancare nelle scene erotiche o romantiche. Ma anche nel genere giallo o horror una particolare sensazione tattile può rafforzare il senso di mistero.

- Gusto

Mangiare è un'attività che ci tiene occupati per buona parte della giornata. Non è soltanto una necessità, ma anche un piacere.

Nella vostra storia, mostrate talvolta il personaggio mentre mangia. Ciò servirà a caratterizzarlo. Un personaggio che predilige bistecche è diverso da uno che va pazzo per i dolci.

Se il contesto narrativo lo permette, soffermatevi sulle sensazioni che il personaggio prova mentre mangia qualcosa.

Come gli odori, anche i sapori possono essere usati per introdurre flashback sul passato. Il sapore di una particolare pietanza fa ricordare al personaggio un episodio della sua infanzia.

Potete trasformare il sapore di un cibo nel simbolo di un determinato luogo. Immaginatevi un personaggio che ripensa al gusto di un particolare dolce della sua città natale.

La menzione di un sapore, gradevole o sgradevole, può contribuire a creare un'atmosfera.

- Udito

Nella vita quotidiana, siamo circondati da rumori. Per riprodurre un'ambientazione in modo verosimile, dovrete pertanto servirvi anche delle impressioni acustiche.

Se la vostra scena si svolge in un luogo come un caffè o un aeroporto, la miglior cosa è recarsi in un tale luogo e annotare tutte le impressioni acustiche che percepite. Vi stupirete di quanti dettagli scoprirete, a cui non avevate pensato. E saranno proprio i dettagli specifici a dare corpo alla vostra descrizione.

Per riprodurre i suoni con le parole, non dimenticate i termini fonosimbolici, come *fruscio, squittio, ronzio.*

E non dimenticate di impiegare metafore e similitudini.

Talvolta vi troverete a descrivere l'assenza di suoni, il silenzio. Che potrà essere significativo, nel contesto narrativo.

Per caratterizzare il personaggio, descrivete il timbro e la qualità della sua voce. E menzionate il tipo di musica che gli piace ascoltare.

Il riferimento a una particolare melodia o canzone può assumere un valore simbolico, o rispecchiare il tema della vostra storia.

Esercizio 26. (termini fonosimbolici)

Prendete un passaggio descrittivo o di azione dal vostro manoscritto. Esaminate i verbi, e cercate di sostituirli con verbi che riproducono suoni (onomatopeici o fonosimbolici), come per esempio: *friggere, sfrigolare, frusciare, miagolare, parlottare, strimpellare, gracchiare, brucare, belare, ticchettare, squillare, brontolare, trotterellare, sibilare, squittire, rimbombare.*

Esercizio 27. (i cinque sensi)

Descrivete ciascuno dei seguenti luoghi con impressioni sensoriali legati a tutti i cinque sensi: vista, olfatto, udito, tatto, gusto:

- un centro commerciale
- un mercatino
- la vostra terrazza
- un giardino

A questo scopo potete creare una tabella a cinque colonne. In ciascuna delle colonne elencherete tutte le impressioni che vi vengono in mente relativamente a vista, olfatto, udito, tatto, gusto.

C'è una delle descrizioni che vi è riuscita particolarmente bene? Adesso scrivete un episodio in cui il vostro personaggio preferito fa qualcosa in quel luogo.

Esercizio 28. (il turista scrittore)

Avete recentemente fatto un viaggio interessante? Chiudete gli occhi e cercate di ricordare un luogo che vi ha particolarmente colpito. Tornate in quel luogo, con l'immaginazione.

Fate una lista delle impressioni sensoriali che avete provato in quel luogo. Queste impressioni saranno legate ai paesaggi, alle architetture, ai monumenti, alla gente.

Scrivete adesso una descrizione di quel luogo, in prima persona. Siete voi il personaggio focale. Potete scrivere al presente o al passato. L'importate è fornire una rappresentazione vivida delle impressioni sensoriali.

Come descrivere i personaggi

La costruzione del personaggio è già stata trattata alla sezione I. Ricapitolando, anche per l'aspetto fisico del personaggio occorre affidarsi ai dettagli.

Ricordate che della descrizione fisica fanno parte anche la postura, l'andatura, i tic, il modo di vestire, il taglio dei capelli.

È particolarmente efficace focalizzare su dettagli fisici che abbiano una doppia funzione: identificare il personaggio e rivelare qualcosa del suo animo.

Trasformate uno o più dettagli in veri e propri *marker* del personaggio. Per esempio una *voce baritonale* oppure *un'andatura dinoccolata.* Potete menzionare questi *marker* ogniqualvolta il personaggio entra in scena. Ciò vale soprattutto per i personaggi secondari, che in tal modo si imprimeranno più facilmente nella mente del lettore.

Come si fa a inserire la descrizione del personaggio nella storia? Per i personaggi secondari, vale quanto indicato per le descrizioni in generale: pochi tratti significativi, inseriti nei beat di reazione o nei dialoghi, e diluiti in più capitoli.

Per quanto riguarda il personaggio focale, non avrete nessuno che possa descriverlo dall'esterno. A meno che la vostra opera si serva di più punti di vista o di un narratore onnisciente.

Per fare in modo che il personaggio focale descriva se stesso, si possono usare dei trucchi.

Il primo trucco (abusato) è quello del personaggio che si guarda allo specchio.

Un altro trucco consiste nel far pensare il personaggio al proprio aspetto fisico, in una situazione in cui l'aspetto fisico è importante per raggiungere lo scopo:

> *Laura si tolse gli occhiali da sole e assunse l'espressione che funzionava sempre: quella della gatta morta. Lasciò che gli occhi scuri vagassero innocenti per il locale e si passò una mano sui lunghi capelli ondulati.*

Un altro modo è far riflettere il personaggio sull'aspetto fisico che gli piacerebbe avere:

> *Marco avrebbe voluto essere come quei ragazzi che giocavano a pallavolo sulla spiaggia: gambe muscolose, ventre piatto, capelli folti. Ne era passato del tempo, da quando anche lui aveva potuto esibire un fisico non male. Adesso si vergognava della pancetta e delle gambe magre.*

Alternativamente, potete ricorrere al dialogo per menzionare una caratteristica fisica del personaggio.

«Dovresti smettere di portare gli occhiali» disse Marco. «Mi ricordi la prof di latino.»

Ma l'aspetto fisico del personaggio può essere anche omesso. Ci sono autori che non descrivono mai l'aspetto del protagonista, che viene completamente lasciato all'immaginazione del lettore. Personalmente non condivido questo approccio minimalista. Consiglio invece di fornire al lettore i dettagli essenziali, affinché l'immagine che si farà del protagonista corrisponda a quella che volete evocare.

Evitate assolutamente di **ritardare** la descrizione fisica: se il lettore si è immaginato per cento pagine il protagonista come alto e biondo, non potete improvvisamente rivelargli che è tarchiato e con la pelle olivastra (salvo che ciò faccia parte di un'agnizione voluta).

Se volete descrivere i tratti fisici del personaggio, fatelo all'inizio dell'opera.

Tuttavia non dilungatevi in descrizioni estese. Limitatevi a fornire qualche dettaglio, a poco a poco. Iniziate dall'impressione dominante del personaggio, che dovrà campeggiare nella prima scena. In seguito arricchite questa impressione dominante con tratti aggiuntivi.

Esercizio 29. (il personaggio allo specchio)

Immaginate il vostro protagonista di fronte allo specchio del bagno, al mattino. Fatelo parlare di se stesso, descrivendo 1) i propri tratti fisici, oppure 2) i tratti fisici che vorrebbe avere.

Quindi descrivete gli abiti che ha deciso di indossare.

In queste descrizioni, cercate di limitarvi ai dettagli.

17. Descrizioni: revisione e self-editing

Se avete un manoscritto già pronto, potete usare i seguenti punti per la revisione delle ambientazioni:

- In ciascuna scena, sappiamo dove si trova il personaggio? Il suo ambiente circostante è stato descritto, anche solo con qualche dettaglio? Avete usato tutti i sensi per le impressioni sensoriali? Siete riusciti a trasportare il lettore nel posto in cui si trova il personaggio?
- Verificate l'incipit dell'opera, e anche gli incipit dei singoli capitoli: trovate passaggi dedicate a lunghe descrizioni? Cercate di spezzarli secondo le indicazioni di cui sopra. Non inserite descrizioni "monoblocco", ma distribuite gli elementi descrittivi fra le battute di dialogo e fra le sequenze di azione.
- Le vostre descrizioni sono puramente visive? Verificate se nei passaggi descrittivi sono presenti anche impressioni olfattive, acustiche, tattili. Dovete aggredire i sensi del lettore, sempre.

- Le vostre descrizioni sono generiche? Invece di scrivere "automobile", usate il termine "Porsche". Se portate i personaggi in un locale notturno, menzionate il nome del locale. Non parlate di "pistola", ma di "Glock". Le descrizioni devono essere composte di dettagli specifici e concreti.
- Verificate la presenza dei dettagli nelle descrizioni: rileggete i passaggi e controllate che ci siano abbastanza dettagli. Se necessario, aggiungeteli. Se non riuscite a immaginarvi con concretezza il luogo che descrivete, cercate foto su internet, o all'interno di film o serie televisive. I film sono pieni di ambientazioni con cui potete allenare i vostri muscoli descrittivi, e che potete inserire nei vostri manoscritti.

18. Dialoghi

Il dialogo è una delle più utili modalità narrative. Assicuratevi che il vostro manoscritto contenga dialoghi a sufficienza. Migliorare i dialoghi è il modo più rapido per migliorare un manoscritto.

Il dialogo migliora un libro anche a livello grafico: sfogliando fra le pagine, un lettore sarà piacevolmente colpito dagli spazi bianchi creati dal dialogo, e maggiormente invogliato ad acquistare la vostra opera.

I dialoghi servono a:

- caratterizzare il personaggio, non soltanto per quello che dice (rivelando le sue motivazioni e i suoi obiettivi), ma anche per come lo dice. Nel dialogo possono manifestarsi un determinato modo di parlare (dialetto, espressioni forbite, espressioni che rivelano l'appartenenza a una professione), il temperamento del personaggio (è un tipo prolisso o taciturno?), l'estrazione sociale e molte altre caratteristiche della personalità;

- mettere in scena gli eventi: i dialoghi sono parte integrante della scena, per cui ne avrete bisogno ogniqualvolta gli eventi vengono drammatizzati, cioè rappresentati momento per momento di fronte agli occhi del lettore. In questo contesto i dialoghi sono un fattore determinate della tecnica dello Show don't tell;

- rivelare le motivazioni del personaggio: si tratta di una funzione importante, perché se il lettore non conosce le motivazioni che spingono il personaggio a fare qualcosa, questi gli apparirà piatto. Lasciare che sia il personaggio a parlare dei suoi motivi ne aumenta la credibilità;

- incrementare la suspense: nel dialogo possono essere inseriti elementi (conflitto, anticipazioni, allusioni, battute trasversali) che evocano nel lettore curiosità, tensione, e lo spingono ad andare avanti nella lettura;

- accelerare il ritmo della narrazione: inserendo un dialogo, per esempio dopo una descrizione, si aumenta la velocità di lettura. Sfruttate questa funzione del dialogo, per esempio nei punti in cui la narrazione si fa monotona.

La struttura del dialogo

La forma più elementare di dialogo è la battuta semplice, cioè priva di reggente:

«Andiamo al cinema stasera?»

La battuta semplice si usa quando si evince con chiarezza chi è il parlante.

Le reggenti possono essere messe prima o dopo la battuta.

Laura esclamò: «Andiamo al cinema stasera?»

«Andiamo al cinema stasera?» esclamò Laura.

oppure in mezzo a due battute (battuta composta)

«Marco,» esclamò Laura «andiamo al cinema stasera?»

Un tipo particolare di reggente è il cosiddetto beat di azione, che è una breve descrizione di quello che il personaggio sta facendo mentre parla o prima di parlare.

Laura rimase sulla soglia a braccia incrociate.
«Andiamo al cinema stasera?»

Un beat di azione può essere messo prima o dopo la battuta di dialogo.

Suggerimenti:

- alternate la struttura dei dialoghi. Non infilzate una serie di battute semplici una dopo l'altra, ma usate tutte le possibilità sopra descritte: reggente prima della battuta, reggente dopo la battuta, beat di azione e battuta composta
- Il verbo meno intrusivo per le reggenti è *dire*. Usate pure i sinonimi di *dire* ma fate attenzione a rimanere nella voce del personaggio. Una scelta lessicale forbita può risultare in un'intrusione della voce dell'autore
- fate uso della battuta composta, soprattutto quando volete rallentare il dialogo, o creare un'aspettativa
- fate uso dei beat di azione, che sono anche un'ottima occasione per inserire dettagli sull'ambientazione.

La tessitura del dialogo

Nelle scene di azione e in tutte le scene destinate a essere lette con rapidità, si possono utilizzare battute semplici, oppure rette da frasi molto brevi. Ne risulterà un dialogo sincopato, con molti spazi bianchi sulla pagina.

Invece, in tutte le scene a velocità normale oppure lenta sarà bene alternare alle battute di dialogo alcuni beat di reazione.

È una questione di ritmo e velocità: con i beat di reazione si rallenta il dialogo, il che può servire anche ad aumentare la suspense.

I beat di reazione sono brevi descrizioni delle reazioni del personaggio a ciò che è stato appena detto:

- reazioni fisiche

  Laura si piegò in due

- reazioni emozionali

  Laura sentì un groppo allo stomaco

- un pensiero del personaggio

Laura aveva sempre saputo che quel momento sarebbe arrivato.

Anche i beat di azione possono essere, in senso stretto, una reazione del personaggio a ciò che e stato detto:

Laura scaraventò il cellulare sul pavimento.

I beat di reazione rendono il dialogo più interessante. Un beat di reazione dopo una battuta di dialogo serve

- a caratterizzare il personaggio (temperamento, motivazioni, scopi)
- a rivelare informazioni che il lettore non conosce. Nei beat di reazione possono essere inserite allusioni, ricordi del passato, anticipazioni. Sono quindi uno strumento utile per aumentare la suspense
- a fornire al lettore altre informazioni sulla scena, per es. attinenti l'ambientazione
- a rallentare il ritmo della narrazione.

I beat di reazione possono contenere passaggi introspettivi, spezzoni di discorso indiretto libero o anche flashback sul passato. Non rendeteli però troppo lunghi.

Quando la reazione del personaggio non è immediatamente comprensibile al lettore, i beat di reazione sono indispensabili. Esempio:

> *«Andiamo al cinema stasera?» esclamò Marco, dopo essere entrato in casa.*
>
> *Laura scaraventò il telefonino sul pavimento.*

In questo dialogo non si capiscono i motivi della reazione di Laura. Inseriamo un beat di reazione:

> *«Andiamo al cinema stasera?» esclamò Marco, dopo essere entrato in casa.*
>
> *Quello stronzo faceva finta di nulla. Ma era tutto il giorno che Laura cercava di chiamarlo. E non era la prima volta che suo marito si rendeva irreperibile.*
>
> *Laura scaraventò il telefonino sul pavimento.*

Concepite la battuta di dialogo come stimolo, a cui il personaggio deve reagire. La reazione potrà essere riportata in modo più o meno esteso, a seconda delle vostre scelte narrative.

Una reazione completa è composta da

- emozioni del personaggio
- reazioni fisiche del personaggio
- pensieri del personaggio.

La reazione completa dovrà essere riportata nelle scene importanti, quando volete evocare emozioni nel lettore. Sono questi beat di reazione che contribuiscono all'identificazione del lettore con il personaggio.

Esercizio 30. (varietà nei dialoghi)

Prendete da un vostro manoscritto un dialogo qualsiasi.

Osservate le reggenti: avete utilizzato sempre la stessa struttura? Cercate di variarla.

Se la reggente è sempre dopo la battuta, mettetene una prima della battuta.

Non avete utilizzato la battuta composta? Inseritene una.

Rileggete ancora una volta il dialogo: adesso sostituite a una o più reggenti un beat di azione.

Invece di "disse Laura" scrivete qualcosa come "Laura guardò fuori dalla finestra".

Esercizio 31. (beat di reazione)

Prendete da un vostro manoscritto un dialogo fatto di battute secche, tipo "botta e risposta".

Inserite adesso fra le battute le reazioni complete del personaggio focale: prima l'emozione, poi la reazione fisica, poi il pensiero.

Esercizio 32. (narrativizzare una sceneggiatura)

Per questo esercizio vi occorre il testo di una sceneggiatura.

Su kinematrix.net è disponibile una raccolta di sceneggiature in italiano, tra le altre segnaliamo *L'ora di religione, L'ultimo bacio, Casomai.*

Per esempio, prendiamo la scena 2 della sceneggiatura del film *L'ora di religione* (http://www.kinematrix.net/articoli/ora_di_religione_sceneggiatura.htm).

L'esercizio consiste nel riscrivere la scena in forma narrativa. Vuol dire che dovrete aggiungere alle battute di dialogo le reggenti, i beat di azione, i beat di reazione. Non dimenticate di inserire qualche dettaglio che descriva i personaggi e l'ambiente circostante. Sbizzarritevi. Ricordate che il lettore dovrà capire chi sono i personaggi, dove sono, come agiscono e come reagiscono.

Potete anche servirvi di una scena tratta dal vostro film preferito. Prima dovrete trascrivere uno spezzone di dialogo, osservare che cosa fanno i personaggi e che cosa esprimono i loro volti e gesti. Quindi riscrivete la scena in forma narrativa: ricordate che il lettore non può vedere gli attori. Devono essere le vostre parole a evocare tutta la scena nell'immaginazione del lettore.

Trucchi per migliorare i dialoghi

- Per prima cosa cercate di orchestrare bene il vostro cast di personaggi: se i personaggi sono davvero diversi l'uno dall'altro, ne risulteranno dialoghi ricchi di conflitto. I dialoghi fra personaggi in perfetta armonia non sono interessanti.

- Eliminare dialoghi ovvi e superflui, o le parti ovvie e superflue di un dialogo.
- Inserire nei dialoghi cose che il lettore non sa: sotto forma di allusione, di anticipazione, flashback. Alcuni di questi rimandi potranno essere inseriti nelle battute (i personaggi alludono a qualcosa del passato), altri nei beat di reazione (luogo ideale per i flashback).
- Aumentare il conflitto fra i personaggi. A questo scopo, potete assegnare loro diversi temperamenti (per esempio uno è impulsivo e parla in modo concitato, l'altro è razionale e risponde con tono pacato), o farli parlare di qualcosa su cui non concordano.
- Inserire battute trasversali. Per battuta trasversale intendo quello che in Toscana si chiama "dove vai? Son cipolle": un personaggio fa una domanda, a cui l'altro risponde con una battuta „non pertinente". Esempio:

  «Andiamo al cinema stasera?»

  «Quella camicia è nuova?»

oppure

«Hai portato fuori il cane?»

«È il tuo cane.»

- Vi propongo un gioco: aprite a caso uno dei vostri romanzi preferiti e prendete la prima battuta che vi salta agli occhi. Quindi inseritela in un vostro dialogo.

  Per esempio, ho appena trovato questa battuta in un romanzo di R. Costantini.

  «Abbiamo fatto un patto, cinque anni fa.»

  Adesso inseritela in un vostro dialogo. Ci provo anch'io, con il dialogo di cui sopra:

  «Andiamo al cinema stasera?» disse Marco, appena entrato in casa.

  Laura incrociò le braccia. «Abbiamo fatto un patto, cinque anni fa.»

  Le battute trasversali sono un buon metodo per creare suspense nel dialogo. Sembra che i personaggi alludano a qualcosa di cui il lettore non è a conoscenza.

- Usare il silenzio

Talvolta è efficace non fare rispondere il personaggio. Soprattutto se l'altro personaggio ha appena usato una cascata di parole.

- Inserire interruzioni

Nei momenti cruciali, per esempio quando la tensione è al massimo, o prima che il personaggio faccia una rivelazione, è efficace inserire un'interruzione. Per esempio un altro personaggio che irrompe nella scena. Può trattarsi anche di una comparsa, come un cameriere.

L'interruzione del dialogo può essere anche usata a fine capitolo, come cliffhanger. Basta interrompere il dialogo non all'ultima battuta, ma alla penultima, lasciando in sospeso il lettore.

- Comprimere il dialogo.

Eliminate dal dialogo tutto quello che non è necessario. Togliete i riempitivi, i verbi reggenti, i pronomi, gli avverbi. Spesso le battute brevi, laconiche, sono più efficaci. Un modo di parlare secco e essenziale può anche essere un buon metodo per caratterizzare un personaggio di poche parole.

«Buongiorno a tutti. Che novità abbiamo?»

«È stato trovato un cadavere, nei pressi del Central Park»

diventa:

«Novità?»

«Un cadavere, Central Park.»

un esempio con Laura e Marco:

«Cinema?»

«Stronzo.»

- Togliere le reggenti non necessarie

  Quando avete soltanto due personaggi che parlano, dopo la prima menzione le reggenti sono in genere superflue. Se invece avete più di due personaggi, assicuratevi che il lettore capisca sempre chi sta parlando. A questo scopo potete usare una reggente, o anche un beat di azione.

- Spezzare lunghe battute di dialogo

  Quando avete una battuta molto lunga, in cui per esempio il personaggio racconta qualcosa che gli è capitato in passato, si consiglia di spezzare la battuta. Per esempio facendone una battuta composta, o inserendo beat di azione o reazione.

- Trasformare il discorso indiretto in discorso diretto.

Nel vostro manoscritto troverete sicuramente passaggi in cui fate parlare i personaggi con il discorso indiretto e/o con un sommario.

Andate alla ricerca di questi passaggi e sostituite il discorso diretto con battute di dialogo. Esempio 1:

Laura disse che voleva andare al cinema quella sera.

diventa:

Laura disse: «andiamo al cinema, stasera?»

Esempio 2:

Marc ordinò una birra.

diventa:

«Una birra» disse Marc, appoggiandosi al bancone.

- Sopprimere "credeva che", "pensava che"

Quando i pensieri del personaggio sono introdotti da frasi principali come "Laura si chiedeva se", può essere più efficace togliere del tutto queste reggenti, a patto che si capisca chi è che sta pensando.

Laura si chiese se fosse meglio restare a casa o andare al cinema.

diventa:

Chissà se era meglio restare a casa o andare al cinema.

Se volete riportare il pensiero direttamente, mettetelo in *corsivo* e al presente (monologo interiore):

Resto a casa o vado al cinema?

La suspense nel dialogo

Il dialogo è uno strumento ideale per aumentare la suspense. Ecco gli strumenti a vostra disposizione:

- dialogo laconico: è un dialogo in cui si susseguono battute secche, non completamente sviluppate dal punto di vista sintattico. È un tipo di dialogo che si trova nei thriller. In questi dialoghi l'eroe parla poco, si limita a dire "Procediamo" oppure "trovato qualcosa?"

Prendete un vostro dialogo e comprimete le battute, fino a creare un dialogo laconico.

- Interruzione: supponiamo che il personaggio abbia fatto una domanda che attende una risposta importante. Dopo la domanda, inserite un'interruzione. Potete fare entrare in scena un altro personaggio, oppure inserire una descrizione. O un beat di reazione con le emozioni o i pensieri del personaggio. Scopo di questa tecnica è ritardare il più possibile l'informazione contenuta nella risposta.
- Risposte inaspettate: fate rispondere il personaggio in un modo che il lettore non si aspetta. Come nella tecnica della battuta trasversale. In più potete inserire informazioni che spiazzano completamente il personaggio che ha parlato per primo. Esempi:

  «Andiamo al cinema stasera?» disse Marco, appena entrato in casa.

  Laura gli porse una raccomandata. «Faresti meglio a leggere prima questa.»

- Dare ai personaggi scopi diversi o antitetici: anche se i personaggi sono alleati, sarà bene farli parlare con intenzioni diverse. Immaginate che i personaggi usino le parole come vere e proprie armi.

Esercizio 33. (incrementare il conflitto)

Prendete due personaggi totalmente opposti. Fatene una breve scheda. Immaginate che questi due personaggi si incontrino a una festa e buttate giù un dialogo.

Dopo la prima stesura, cercate di incrementare il conflitto: potete accorciare una battuta al minimo. Potete sostituire una battuta logica con una battuta trasversale. Potete inserire allusioni al passato. Pensate a una reazione inaspettata di uno dei due personaggi (perché non fargli versare lo spumante sulle scarpe dell'altro?). Usate anche il silenzio. E attenzione a come finisce il dialogo: meglio lasciarlo in sospeso.

Esercizio 34. (i personaggi parlano)

I personaggi della vostra storia dovranno esprimersi in modo diverso l'uno dall'altro: nel lessico, nella sintassi, nel dialetto, nell'uso di un linguaggio specialistico. Dal loro modo di parlare dovranno anche emergere la classe sociale, le opinioni, il modo di rapportarsi agli altri. La migliore cosa per trovare la voce dei propri personaggi è l'esercizio 3 (flusso di coscienza del personaggio), che si consiglia di fare tutti i giorni.

Scrivete una cartella, in cui uno dei seguenti personaggi parla a ruota libera, in prima persona:

- un ricercatore appena assunto
- un poliziotto corrotto
- una donna in carriera
- la ragazza della porta accanto
- la mantenuta
- il medico di un reparto Covid

19. Dialoghi: revisione e self-editing

I seguenti esercizi sono adatti alla revisione di un manoscritto:

Esercizio 35. (la battuta trasversale)

Prendete uno dei dialoghi del vostro manoscritto. Avete forse una successione di botte e risposte? Avete tutte risposte sempre coerenti con le domande?

Vivacizzate il dialogo, inserendo una battuta trasversale, per es. quella da me suggerita sopra:

> *«Abbiamo fatto un patto, cinque anni fa.»*

o preferite la battuta di un film famoso?

> *«Chissà che ore sono a New York.»*

Esercizio 36. (da esposizione a dialogo)

Trovate nel vostro manoscritto un passaggio in cui avete fatto un riassunto/resoconto di quanto è successo.

Passaggi di questo genere si trovano normalmente all'inizio dei capitoli, o all'inizio dell'opera.

Riportare i fatti sotto forma di resoconto, come se si trattasse di un articolo di giornale, è una delle modalità narrative, a cui (per semplicità) daremo il nome di "esposizione". In altri manuali si parla di "sommario narrativo" oppure di "*telling*" (in contrapposizione a "*showing*").

L'esposizione è una modalità talvolta utile, ma in genere non emoziona il lettore e non lo spinge ad andare avanti nella lettura. Usatela con parsimonia.

Potete rendere più interessante qualsiasi passaggio espositivo utilizzando una diversa modalità narrativa.

Avete trovato il vostro passaggio espositivo? Trasformatelo in un dialogo.

Un dialogo è un buon metodo per iniziare un capitolo: è un classico inizio "in medias res", con qualità sceniche.

Esercizio 37. (da monologo a dialogo)

Trovate nel vostro manoscritto un passaggio in cui un personaggio pensa, da solo. Potrebbe anche trattarsi dell'incipit di un capitolo, o dell'incipit dell'opera. Sostituite a questo monologo un dialogo.

Per finire, verificate quanto segue:

- Il dialogo non deve essere superfluo. Deve portare avanti la storia. Evitate tutti i dialoghi non essenziali, vale a dire i dialoghi in cui i personaggi non fanno niente che abbia effetti sulla storia.
- A differenza dei dialoghi reali, i dialoghi narrativi non devono essere riempitivi. Non servono ad ammazzare il tempo. È utile concepire il dialogo come una forma di azione, in cui i personaggi perseguono uno scopo.
- Il dialogo deve presentare un conflitto, anche lieve. Evitate i dialoghi dove i personaggi concordano e vanno d'amore e d'accordo.
- Nel dialogo deve manifestarsi la voce del personaggio (e non la voce dell'autore). Evitare dialoghi in cui l'autore esprime le proprie opinioni o fa addirittura una predica.
- Non fate dire ai personaggi cose che già sanno. il dialogo non deve essere abusato per veicolare informazioni. Se dovete fornire informazioni con il dialogo, nascondetele in uno scambio di battute che esprima un conflitto.

20. Show don't tell

Mostrare e non enunciare

Un precetto che si trova in tutti i manuali di scrittura creativa è quello dello *Show don't tell,* normalmente tradotto con "mostrare e non raccontare". Per rendere più chiaro il concetto, io preferisco tradurre con "mostrare e non enunciare".

Questo precetto sacrosanto significa che è più efficace "mostrare" l'oggetto del narrato (situazioni, personaggi, emozioni, ambienti) che non farne un resoconto.

Purtroppo chiunque si appresti a scrivere una storia sarà prima tentato di fare un resoconto. Molti manoscritti di principianti si aprono con una descrizione del protagonista, seguita da un riassunto del suo passato.

La tentazione di scrivere resoconti non termina con l'incipit. Capita anche che i punti nodali della storia siano riportate sotto forma di resoconto.

Per questo è importante capire che cosa significa "mostrare" ed esercitarsi su questa tecnica.

Il concetto è strettamente connesso con il concetto di "scena", contrapposto al concetto di "enunciato": "mostrare" significa "mettere in scena" e non riferire la situazione in un enunciato. Esempio.

Laura si sentiva imbarazzata a parlare di fronte a un microfono.

è un enunciato. Il narratore ci comunica che Laura è imbarazzata.

Invece il testo seguente

Laura afferrò il microfono con le mani tremanti. Era freddo. Aprì la bocca, ma le mancò il fiato. Poi inspirò e tirò fuori dalla gola un timido «Salve a tutti.»

ci mostra l'imbarazzo del personaggio. Notate che la parola "imbarazzo" non viene usata.

Il risultato del secondo testo è che il lettore proverà più empatia per Laura. Verranno attivati i suoi "neuroni specchio", che gli faranno ricordare di quando anche lui ha provato imbarazzo a parlare in pubblico.

"Mostrare" è una strategia narrativa: una strategia che si impiega per ottenere il coinvolgimento del lettore.

In una scena "mostrata" il lettore avrà più facilità a identificarsi con il personaggio. Inutile dire che la strategia del mostrare riesce a trasportare il lettore nel luogo dove si trova il personaggio.

Se esaminate i due passaggi di cui sopra, noterete altre differenze fondamentali del "mostrato" rispetto all'"enunciato":

- il "mostrato" si serve di una maggiore quantità di parole
- il punto di vista è abbassato al livello del personaggio
- vi vengono evocate immagini e sensazioni sensoriali
- il "mostrato" contiene dialogo
- l'enunciato è un riassunto.

Mostrare consiste nel fornire al lettore impressioni sensoriali che gli consentano di farsi da solo un'idea della situazione, delle emozioni e della personalità del personaggio.

Supponiamo che vogliate comunicare un tratto caratteriale del personaggio, per esempio la generosità.

Con la tecnica dell'enunciato, vi limiterete a scrivere:

Marco era un uomo generoso.

Con la tecnica del "mostrare", dovrete costruire una scena dalla quale la generosità di Marco risulta evidente, senza essere nominata.

Marco estrasse dal portafoglio una banconota da 100 euro. Si chinò verso il mendicante e la depose nel suo cappello.

Altro esempio di enunciato:

La città subì gravi danni dai bombardamenti.

Con la tecnica del "mostrare":

Fra le rovine, il sole si rifrangeva su frammenti di vetro, accecando gli occhi. Il vento portava un odore di carne bruciata. Gli scheletri degli edifici si ergevano spettrali. Hans si tappò le orecchie: il suono delle sirene trapanava il cervello.

Il principale vantaggio del "mostrare" è che con questa strategia si ottiene l'identificazione del lettore. Il lettore si sentirà trasportato sul luogo della scena, e la vivrà mettendosi nei panni del personaggio.

Il primo effetto è visivo: i dettagli, percepiti attraverso il punto di vista del personaggio, evocano un'immagine di fronte agli occhi del lettore. I dettagli sono come i puntini di un rompicapo: il lettore combina questi puntini e riesce a vedere l'immagine completa.

Il secondo effetto è emozionale: grazie al punto di vista abbassato al personaggio, e alla ricchezza dei dettagli, il lettore proverà le stesse emozioni del personaggio.

Il terzo effetto è intellettivo: quando mostrate qualcosa invece di comunicarlo con parole esplicite, costringete il lettore a farsi un proprio giudizio. Se per esempio invece di scrivere "Ted era razzista" ideate una scena che mostra Ted mentre insulta una persona di colore, lasciate al lettore la formulazione del giudizio "razzista". Ciò risulta in un piacere intellettivo del tutto simile a ciò che si prova a risolvere un enigma.

Quando mostrare e quando enunciare

Benché la strategia del mostrare sia preziosa e da applicare più spesso di quanto abbiate fatto finora, non la si può usare sempre. Anche perché la vostra opera risulterebbe troppo lunga. Inoltre le scene avrebbero tutto un ritmo simile, il che rischia di annoiare il lettore.

Alternare alle scene mostrate passaggi in cui gli eventi vengono riassunti presenta anche il vantaggio di mettere in evidenza, per contrasto, le scene mostrate. Quando mostrate, il lettore saprà che si tratta di un episodio importante.

Per questo ci saranno porzioni di testo in cui opterete per la strategia del *telling*. È indicato enunciare in questi casi:

- nei passaggi di transizione fra una scena e l'altra (vedi capitolo 11)
- per gli eventi che sono già stati mostrati: per esempio quando un episodio, già narrato sotto forma di scena, viene riferito a un personaggio che non ne è ancora a conoscenza

- gli eventi secondari e su cui non volete dilungarvi: per esempio uno spostamento spaziale del personaggio
- Il resoconto del tempo che passa: come con gli spostamenti spaziali, con il riassunto si possono coprire lunghi sbalzi temporali.

Spesso vi troverete a mescolare queste due strategie narrative. In senso stretto, anche nei passaggi "mostrati" si insinuano elementi enunciativi.

Un buon espediente è mettere una frase enunciativa all'inizio o alla fine di un passaggio "mostrato".

Questa la teoria. Ma la tecnica del "mostrare" si impara facendo esercizio. La tendenza a scrivere resoconti è dura a morire, e deve essere sradicata con l'allenamento e la ripetizione. Anche lo studio dei modelli vi sarà utile: scovate i passaggi dove i vostri autori preferiti "mostrano", per esempio una peculiarità del personaggio.

Per mostrarci una caratteristica positiva del personaggio Rocco Schiavone, l'autore A. Manzini inserisce, in tutti i romanzi della serie, alcune scene in cui il personaggio si prende cura di un ragazzino. Il ragazzino è un suo vicino, la cui madre è sempre fuori casa. Da queste scene scaturisce la generosità e l'umanità del personaggio, che non potrà che conquistarsi la simpatia del lettore.

Fatelo anche voi.

Esercizio 38. (mostrare un tratto caratteriale)

Concepite e scrivete una breve scena in cui mostrate un tratto caratteriale del vostro personaggio, senza menzionare direttamente quel tratto: per es. gentilezza, oppure coraggio, avarizia, genialità.

Esercizio 39. (da enunciato a scena)

Trasformate le seguenti enunciazioni in scene, con elementi di descrizione:

- l'uomo era nervoso
- la donna aspettava qualcuno
- Il quadro aveva un valore inestimabile.

Esercizio 40. (un mestiere)

Avete esperienza di una particolare professione? Per esempio il vigile del fuoco, il medico, l'infermiere, l'insegnante? È importante che ne abbiate avuto esperienza diretta, o almeno che riusciate a mettervi nei panni di chi ha esercitato la professione scelta.

Fate un elenco delle impressioni sensoriali legate a questa professione. Per esempio nel caso dell'insegnante: la polvere delle aule, l'odore del gesso, il chiacchiericcio degli alunni.

Nel caso del vigile del fuoco avremo tutte le impressioni sensoriali legate agli incendi. Nel caso dell'infermiere, quelle legate alle corsie degli ospedali.

Quindi scrivete mezza cartella, iniziando con un tenore analogo al seguente:

> *Mentre si faceva strada fra motorini, piumini e gomitate all'ingresso della scuola, Anna sorrise a quel gruppo dei suoi allievi, aggregati in un angolo come un grappolo d'uva. Quel lavoro, che faceva da quasi trent'anni, le piaceva. Le piacevano persino le pareti scalcinate delle aule. L'odore del gesso e il sapore del caffè della macchinetta. I battibecchi con*

i colleghi. La polvere sui tavoli, al ritorno dalle vacanze. E le voci dei ragazzi, che riempivano il corridoio…

Continuate voi (e fate meglio).

Esercizio 41. (da enunciato a descrizione)

Trasformate il seguente enunciato in una descrizione, ricca di dettagli e di impressioni sensoriali. Ricordate di abbassare il punto di vista e di filtrare le impressioni attraverso un personaggio:

Al calare dell'oscurità, il parco si popolava di personaggi sinistri.

Esercizio 42. (studiare i modelli)

Un capolavoro a cui fare riferimento per apprendere la tecnica dello Show don't tell è *Il falco maltese* di Dashiell Hammett.

21. Le modalità narrative

Riassumendo quanto esposto nei capitoli precedenti, per narrare una storia avete a disposizione cinque modalità narrative.

- Esposizione

  L'esposizione, chiamata anche "sommario narrativo" è un resoconto degli eventi. È puro *telling,* cioè enunciazione. Con questa modalità si possono coprire transizioni spaziali e temporali. E si possono riassumere parti della storia che non necessitano di essere drammatizzate in scene, o sono già state oggetto di scena.

  Tutto quanto fa parte della storia può essere riportato tramite esposizione: un evento passato, una caratteristica del personaggio, un'informazione necessaria a comprendere il senso della storia.

  Ma attenzione: troppa esposizione può risultare noiosa, rallenta il ritmo della narrazione e non coinvolge il lettore a livello emozionale.

Si usa quando non è possibile fornire informazioni in altro modo, o al fine di allentare la tensione. Dopo una scena di azione, o una scena altamente emozionale, un passaggio espositivo farà tirare il fiato al lettore.

- Dialogo

Assicuratevi che la vostra storia contenga abbastanza dialogo. Un numero insufficiente di dialoghi può indicare che la narrazione non presenta abbastanza scene.

Ricordate che il discorso diretto è più efficace di quello indiretto: cercate tutti i discorsi indiretti nel vostro manoscritto, e sostituiteli con il discorso diretto.

Esiste anche il problema opposto: testi pieni di dialoghi inconcludenti.

A proposito di dialoghi efficaci e funzionali alla storia si rimanda al capitolo 18.

- Azione

L'azione è la modalità narrativa delle scene. I fatti vengono rappresentati come nella scena di un film. Viene utilizzata la strategia del „mostrare".

Quando si parla di "azione", non si intendono soltanto le scene di inseguimento, con macchine che esplodono e personaggi che impugnano la pistola. Anche scene di vita quotidiana possono essere riprodotte con l'azione: un colloquio di lavoro, una lite fra innamorati, un incontro.

Anche un flashback sul passato è una scena di azione.

L'azione è più efficace se limitata al punto di vista del personaggio focale: riportate quello che sta vedendo, le sue reazioni corporee e anche i suoi pensieri (nei beat di reazione)

- Descrizione

Per descrizione non si intendono pagine e pagine di esposizioni descrittive, ma "beat di descrizione", vale a dire spezzoni di testo, che possono essere alternati alle altre modalità narrative. Pensate alle descrizioni come pennellate strategiche, che servono a trasportare il lettore in un determinato luogo.

La descrizione è la modalità narrativa che evoca immagini nella mente del lettore. A questo scopo si serve di dettagli significativi e di impressioni sensoriali, così come vengono percepite dal personaggio focale.

La descrizione assolve a un compito importante: dà al lettore un senso concreto dell'ambientazione, il che contribuisce a rendere la storia credibile e verosimile.

Alla descrizione è dedicato il capitolo 16 del presente manuale.

- Pensieri

I pensieri del personaggio possono essere espressi

a) con il discorso indiretto introdotto da una reggente, come "pensò che":

Laura scosse la testa e pensò che non era il caso di insistere.

b) con il discorso indiretto libero, che si ottiene eliminando la reggente, purché dal contesto emerga con chiarezza chi è il soggetto del pensiero:

Laura scosse la testa. Non era il caso di insistere.

c) con il monologo interiore, per il quale si usa il presente e il corsivo:

Laura scosse la testa. Non è il caso di insistere.

I pensieri del personaggio vengono normalmente riportati nei beat di reazione. Ma possono anche occupare porzioni separate del testo, per esempio all'inizio o alla fine di un capitolo.

Si tratta di una modalità narrativa che rallenta il ritmo, ma è utilissima per dare profondità ai personaggi. Riportando i pensieri del personaggio, se ne rendono comprensibili le motivazioni, i conflitti interiori, le decisioni.

Supponiamo che venga mostrata una scena in cui il personaggio compie qualcosa di spregevole. Se nei beat di reazione si inseriscono pensieri da cui emerge che l'azione spregevole è motivata da necessità o dal perseguimento di un fine nobile, il lettore proverà empatia per il personaggio.

La suddetta illustrazione delle modalità narrative è una semplificazione a scopo didattico, tesa a indicare che esistono più modi per approcciare la scrittura di un testo.

Prima di iniziare a scrivere, sarà bene porsi la domanda: questo episodio sarà più efficace sotto forma di dialogo, di pensieri del personaggio, o di scena di azione?

Durante la stesura di un romanzo, cercate di alternare le modalità narrative. Non dedicate lunghi passaggi a una modalità sola, per esempio a una descrizione o a un discorso indiretto libero. Altrimenti annoierete il lettore.

Nella maggior parte dei casi farete una tessitura delle varie modalità narrative, fino a ottenere l'equilibrio che più si adatta alla vostra storia.

Esercizio 43. (cambio della modalità narrativa)

Questo esercizio vi servirà a familiarizzare con le modalità narrative.

Prendete l'incipit di un testo che avete scritto. Potete anche usare l'incipit di un testo qualsiasi.

Analizzate il testo: vi prevalgono il dialogo, la descrizione, l'esposizione, l'azione o i pensieri?

Supponiamo che il vostro testo sia una descrizione: riscrivetelo sotto forma di dialogo.

Se invece è un dialogo, riscrivetelo sotto forma di pensieri del personaggio. E così via.

Divertitevi a cambiare la modalità narrativa.

Mi spiego con un esempio, per il quale userò la favola di *Cenerentola*. Nell'incipit della versione dei fratelli Grimm prevale l'esposizione:

> *La moglie di un ricco si ammalò e, quando sentì avvicinarsi la fine, chiamò al capezzale la sua unica figlioletta e le disse: «Sii sempre docile e buona, così il buon Dio ti aiuterà e io ti guarderò dal cielo e ti sarò vicina.» Poi chiuse gli occhi e morì. La fanciulla andava ogni giorno alla tomba della madre, piangeva ed era sempre docile e buona. La neve ricoprì la tomba di un bianco drappo, e quando il sole l'ebbe tolto, l'uomo prese moglie di nuovo.*
>
> *La donna aveva due figlie che portò con se in casa, ed esse erano belle e bianche di viso, ma brutte e nere di cuore. Per la figliastra incominciarono tristi giorni. Le presero i suoi bei vestiti, le diedero da indossare una vecchia palandrana grigia e la*

condussero in cucina deridendola. Lì doveva sgobbare per bene: si alzava prima che facesse giorno, portava l'acqua, accendeva il fuoco, cucinava e lavava. Per giunta le sorelle gliene facevano di tutti i colori, la schernivano e le versavano ceci e lenticchie nella cenere, sicché, doveva raccoglierli a uno a uno. La sera, quando era stanca, non andava a letto, ma doveva coricarsi nella cenere accanto al focolare. E siccome era sempre sporca e impolverata, la chiamavano Cenerentola.

Proviamo a riscrivere l'incipit di *Cenerentola* sotto forma di dialogo:

«Cenerentola!» gridò la matrigna «Non hai ancora finito con la biancheria?»

Cenerentola alzò la testa dalla vasca di pietra. «Mi manca poco» sospirò, con le mani rosse dal freddo.

La matrigna mise le mani sui fianchi. «Sei una disgraziata. Mangiapane a tradimento!»

Continuate voi.

Adesso riscriviamo l'incipit sotto forma di scena di azione. A questo scopo dobbiamo fare una cernita, decidendo quale evento privilegiare (lo stesso lavoro di selezione che avete fatto con la vostra scaletta). Prendiamo per esempio l'arrivo della matrigna e delle sorellastre. Questa era l'esposizione:

> *Le presero i suoi bei vestiti, le diedero da indossare una vecchia palandrana grigia e la condussero in cucina deridendola.*

Riscriviamola sotto forma di scena:

> *La matrigna le si parò di fronte, battendo un piede sul pavimento di legno. Era una donna massiccia, con occhi piccoli e un gran naso aquilino.*
>
> *«Togliti quei vestiti» tuonò, porgendole una vecchia palandrana grigia. «È ora che inizi a lavorare».*
>
> *Cenerentola fece un passo indietro e sbarrò gli occhi. Doveva davvero spogliarsi dei begli abiti cuciti da sua madre?*

Continuate voi.

Possiamo anche usare una descrizione per l'incipit:

> *Il canto del gallo la fece svegliare all'alba. Cenerentola starnutì, e un odore pungente di*

cenere le investì le narici. Avrebbe dovuto abituarsi a non dormire in un letto.

La stanza era fredda e per prima cosa Cenerentola andò ad attizzare il fuoco. I ceppi iniziarono a scoppiettare e una vampata di calore le venne incontro, benefica.

Dalle finestre entrava una debole luce, che a poco a poco rischiarò il pavimento di pietra, il lungo tavolo di legno massiccio, la cassapanca.

Continuate voi.

L'ultima modalità narrativa consiste nel riportare i pensieri del personaggio

Non era giusto. Perché era capitato proprio a lei. Lavorava più delle sue sorelle. Ma nessuno si curava di lei, nessuno che le dicesse "brava". Tutto perché non era la vera figlia di quella donna. Per lei esistevano soltanto Anna e Rachele. E poi la matrigna aveva di nuovo il pancione.
Devo scappare da questa casa. Il più presto possibile.

22. Tecniche di suspense

La suspense è ciò che terrà agganciato il lettore al vostro libro. Perciò farete bene a esercitarvi in questo aspetto della scrittura, anche se non siete autori di thriller.

Come si crea la suspense? Di seguito una lista di suggerimenti, seguiti da alcuni capitoli dedicati all'approfondimento delle tecniche:

- Create personaggi straordinari. Il coinvolgimento emotivo del lettore nei confronti del personaggio è fondamentale per la suspense. Se il personaggio non esercita alcun fascino, il lettore non sarà interessato all'esito della storia. Nel caso ideale il lettore dovrà avere paura per il personaggio, condividere le sue decisioni, commiserarlo quando subisce una sconfitta, chiedersi come riuscirà a superare gli ostacoli.
- Create un incipit avvincente: fornite al lettore informazioni sufficienti per destare il suo interesse, e a farlo orientare nel mondo della storia, ma privatelo delle informazioni fondamentali. Non iniziate con lunghe

descrizioni, con la biografia del protagonista, o con l'illustrazione delle condizioni atmosferiche. Iniziate con una scena, o con un dialogo, in cui si veda il protagonista che fa qualcosa. Iniziate con un quesito.

- Non raccontate subito l'intera storia, ma servitela gradualmente. Lasciate il lettore sufficientemente all'oscuro su quello che sta per accadere. Evocate domande che aspettano risposta, e ritardate la risposta il più possibile.

- Incrementate il conflitto: la suspense scaturisce sia dal conflitto centrale della storia, che verrà risolto soltanto alla fine, sia dai microconflitti che si instaurano al livello delle singole scene. Mettete molti ostacoli fra il personaggio e l'obiettivo. Non aiutate il personaggio a superare gli ostacoli: fategli sfruttare al massimo le proprie capacità. Solo un personaggio attivo suscita l'empatia del lettore. Fate soffrire il personaggio, portatelo in situazioni senza via di uscita. Fate accadere quello che il personaggio teme maggiormente.

- Descrivete sensazioni sensoriali: mostrate quello che il personaggio sente, odora, ascolta, vede e tocca. Evocare sensazioni sensoriali coinvolge direttamente il lettore, fino a trasporlo in una specie di incanto.

- Usate lo scarto di informazioni dovuto al punto di vista: se per esempio raccontate dal punto di vista limitato del protagonista, potete inserire un capitolo ove la vicenda viene narrata da un altro personaggio, o da un narratore onnisciente, che ha più informazioni rispetto al protagonista. Esempio: da un narratore onnisciente il lettore viene a sapere che sul protagonista incombe un pericolo, di cui quest'ultimo è ignaro. Questa tecnica è usata in molti thriller moderni, ove si alternano capitoli focalizzati sul punto di vista dell'assassino a capitoli narrati dal punto di vista dell'investigatore.
- Ritardate le rivelazioni: il finale della storia non è l'unica rivelazione da ritardare il più possibile. Anche il finale di una scena, o la soluzione di un conflitto secondario possono essere ritardati con grande effetto. Uno dei modi di ritardare una rivelazione è il cosiddetto "cliffhanger", che consiste nel lasciare in sospeso una scena,

inserendo un capitolo che non ha niente a che fare con essa, magari narrato da un altro punto di vista.

- Accendete una miccia, limitando il tempo a disposizione del protagonista: per es. la bomba che sta per scoppiare fra 30 minuti. Oppure l'aereo che parte fra due ore.
- Alludete a un segreto. Non rivelatelo, o rivelatelo soltanto alla fine.
- Scegliete parole cha abbiano un doppio senso: la suspense può essere evocata anche dal linguaggio. Se volete rivelare la vera identità di un personaggio nel finale (con la tecnica dell'agnizione), usate per quel personaggio sia un nome sia un soprannome.
- Create un titolo che evochi un'aspettativa nel lettore. Un titolo che faccia insorgere un quesito. Un titolo ambiguo, contenente impressioni sensoriali contrastanti (esempio: *L'ombra del vento* di Carlos Ruiz Zafón).

Cliffhanger

Il *cliffhanger* è una tecnica di suspense molto utilizzata nelle serie televisive. Consiste nell'interrompere la narrazione "sul più bello", cioè prima che il lettore venga a sapere come l'episodio va a finire.

Il cliffhanger è particolarmente efficace se inserito prima di una rivelazione, di un colpo di scena, di un'agnizione.

Il cliffhanger viene collocato normalmente alla fine del capitolo. La risposta alla questione lasciata in sospeso non deve necessariamente essere data nel capitolo successivo. Per aumentare la suspense, fra il cliffhanger e il capitolo risolutivo si può inserire un episodio dove cambia lo spazio/tempo, oppure un episodio narrato da un altro punto di vista.

Si consiglia di utilizzare la tecnica del cliffhanger, anche se il vostro romanzo non è un thriller. È un modo efficace per tenere il lettore attaccato alle pagine.

Tuttavia una banale ripetizione di questa tecnica rischia di assuefare il lettore. Per questo si sconsiglia di usare sempre lo stesso tipo di cliffhanger. Di questa tecnica esistono molte variazioni, a seconda della modalità narrativa.

Cliffhanger fisico

Si tratta del cliffhanger tipico delle scene di azione: il capitolo si interrompe mentre il protagonista (per esempio) pende da un precipizio.

Nel cliffhanger fisico l'interruzione si verifica mentre il personaggio sta subendo una minaccia fisica: ha una pistola puntata contro, o ha sentito un rumore sospetto nel giardino della villa, o una bomba sta per esplodere.

Cliffhanger scenico

Il capitolo si interrompe sulla soglia di una rivelazione, una sorpresa, un rivolgimento inaspettato degli eventi, un'agnizione.

Può trattarsi dell'entrata in scena inaspettata di un personaggio, delle prime battute di una confessione, del momento precedente la lettura di una sentenza, di un'apparizione che rivela la vera identità di un personaggio.

Cliffhanger emozionale

Il capitolo si interrompe mentre il personaggio è tormentato dai dubbi, non ha ancora preso una decisione, prova sentimenti contrastanti per qualcuno o ha una premonizione su qualcosa di brutto che sta per accadere.

Si può realizzare riportando i pensieri del personaggio con un discorso indiretto libero o un monologo interiore.

Anche una descrizione può servire a questo scopo, purché ciò che viene descritto assuma un valore simbolico. Il capitolo si interrompe mentre il personaggio distingue il dettaglio sinistro di un ambiente, oppure mentre si avvicina un temporale.

Cliffhanger in medias res

Consiste nell'interrompere la scena uno o più passaggi prima della sua conclusione naturale.

Per creare la suspense, è meglio non scrivere scene autoconclusive, ma lasciarne l'esito in sospeso.

Fate la prova con qualcosa che avete già scritto. Se alla fine della scena i vostri personaggi si separano, tagliate la scena prima, mentre stanno ancora facendo qualcosa.

Questa tecnica si può applicare anche ai dialoghi.

Cliffhanger su battuta di dialogo

Anche in questo caso il cliffhanger consiste nel tagliare la conversazione non sull'ultima, ma sulla penultima o terzultima battuta. Il dialogo assumerà in tal modo una connotazione misteriosa, e il lettore sarà curioso di continuare a leggere.

Esercizio 44. (cliffhanger)

Cercate nel vostro manoscritto una scena autoconclusiva, cioè in cui i personaggi dicono tutto quello che hanno da dire e infine si separano. La miglior cosa è trovare una scena importante, in cui viene fatta una rivelazione.

Può trattarsi di un personaggio che fa una confessione, o che si manifesta nella sua vera identità (come nella classica agnizione tipo "tuo padre sono io").

Adesso tagliate la scena prima della rivelazione. Se la scena si trova all'interno di un capitolo, spezzate il capitolo in due, facendo terminare il primo capitolo con il cliffhanger.

Il vostro manoscritto contiene capitoli narrati da più punti di vista? In questo caso potete inserire fra i due spezzoni di capitolo un capitolo relativo a un personaggio diverso.

Se non avete alcuna scena che contenga una rivelazione, prendete una scena qualsiasi e tagliatela sulla penultima battuta di dialogo.

Oppure cancellate semplicemente l'ultima frase del capitolo.

Osservate il risultato, mettendovi nei panni del lettore. Siete riusciti ad aumentare la suspense?

Colpi di scena

Il colpo di scena è una svolta della trama, una scoperta o una rivelazione che il lettore non si aspetta. Il colpo di scena sorprende, generando interrogativi che tengono avvinto il lettore: che cosa succederà adesso? Come evolveranno le cose? Il protagonista riuscirà a fare i conti con quanto ha scoperto? Che cosa succederà al protagonista dopo questa svolta inaspettata?

Fate attenzione a dove inserite i colpi di scena: i punti ideali per i colpi di scena sono quelli nodali, come il 1° punto di non ritorno (alla fine del primo atto), il 2° punto di non ritorno (alla fine del secondo atto) e il climax (punto nodale del terzo atto). Anzi, possono essere proprio i colpi di scena a conferire impellenza agli snodi narrativi. Il colpo di scena proietta la storia in avanti.

Supponiamo di avere alla fine del primo atto un protagonista indeciso, che non ha ancora motivo sufficiente di gettarsi nell'avventura. Per costringerlo a decidersi, possiamo inserire un colpo di scena. In un giallo si tratterà di una nuova informazione: l'assassino è un assassino seriale e sta per colpire ancora. Anche in una storia d'amore può trattarsi di una scoperta: la protagonista vede il marito con un' amante, il che la spinge a fuggire via di casa.

Un colpo di scena può essere creato a qualsiasi livello della storia. Esempi:

- Informazioni: la protagonista viene a sapere a chi deve il suo licenziamento.
- Emozioni: un evento inaspettato trasforma la felicità del protagonista in disperazione.

- Personaggio: un personaggio si manifesta diverso da come il lettore se lo è finora immaginato; oppure un evento costringe il personaggio a mostrare la sua vera natura.
- Trama: una trama secondaria si rivela importante per risolvere il quesito della trama principale.
- Ambientazione: il consueto ambiente circostante si trasforma in un ambiente minaccioso.

L'evento che genera il colpo di scena può essere, come per l'incidente scatenante, un arrivo, una catastrofe, una telefonata, un personaggio del passato, una notizia, una scoperta. È in genere un evento che ribalta la situazione. Alcuni esempi da cui trarre ispirazione:

- la rivelazione di un segreto
- una bomba che sta per esplodere
- una morte improvvisa
- il pericolo in agguato dove il protagonista non se lo aspetta
- il protagonista risolve il conflitto, ma così facendo peggiora le cose

- la scoperta di un complotto
- un personaggio dal passato
- una notizia
- una catastrofe

C'è poi una particolare forma di colpo di scena: l'agnizione.

Agnizione

L'agnizione è un tipo di colpo di scena utilizzato nella letteratura di tutti i tempi. Consiste nella rivelazione dell'identità finora sconosciuta di un personaggio.

L'effetto dell'agnizione è assicurato: al lettore piacciono i segreti, gli scambi di culla, tutto ciò che non è quel che sembra. Al lettore piace l'idea che chiunque possa non essere chi dice di essere.

Aristotele considerava l'agnizione il più potente dei meccanismi della tragedia.

L'agnizione genetica

Non soltanto nei classici, ma anche in opere di narrativa e di cinema contemporanee, la forma più comune dell'agnizione è l'agnizione genetica: con essa viene rivelato un rapporto finora nascosto di maternità/paternità/consanguineità fra due personaggi.

Troviamo un'agnizione genetica alla fine del film *Star Wars,* quando l'antagonista Darth Vader dice al protagonista Luke Skywalker: «Sono tuo padre».

Ne troviamo un'altra nel film *Chinatown,* quando la protagonista confessa: «Lei è mia figlia, e mia sorella.»

Nell'ultimo giallo che ho letto, il finale rivela un insospettato rapporto di maternità fra l'investigatrice e la vittima.

Non ci crederete: anche il penultimo giallo che ho letto ruota attorno a un'agnizione genetica.

L'agnizione in senso lato

L'agnizione può riguardare qualsiasi aspetto dell'identità del personaggio: la nazionalità, la sua qualità di amico o nemico, l'esistenza stessa del personaggio.

Molti thriller di spionaggio si basano sulla scoperta che uno degli agenti è un doppiogiochista, che fa la spia per gli avversari.

Alcuni esempi di agnizione:

- un personaggio creduto morto in realtà è vivo
- il nemico rivela di essere un amico, o viceversa
- il protagonista non è un uomo bianco
- l'antagonista si rivela un povero diavolo
- la vittima è in realtà l'antagonista
- Il presunto assassino è in realtà una delle vittime
- l'alleato del protagonista è in realtà l'antagonista
- il protagonista e l'antagonista sono la stessa persona
- la giustizia alla fine non trionfa
- Il narratore ha raccontato il falso
- l'assassino è il narratore
- è stato tutto un sogno

Sirius Black (personaggio di *Harry Potter e il prigioniero di Azkaban*) non è il malvagio delinquente descritto all'inizio, ma un alleato del protagonista.

In *Fight Club* di Chuck Palahniuk l'antagonista non è mai esistito, ma era un alter ego del protagonista stesso.

In inglese l'agnizione in senso lato si chiama *twist*. Questo termine evoca una rotazione di 360 gradi: una svolta, una sterzata, un ribaltamento, un capovolgimento degli eventi.

L'agnizione può anche riguardare la struttura narrativa: nel film *Arrival* il finale fa capire allo spettatore che la protagonista non ha narrato il passato, ma il futuro.

L'agnizione è una rivelazione che getta una luce del tutto nuova sulla storia, e costringe a reinterpretarla con un percorso a ritroso.

Ciò costituisce per il lettore anche un piacere intellettuale.

<u>La preparazione dell'agnizione</u>

L'agnizione, che si manifesta normalmente alla fine dell'opera, non può essere catapultata dall'alto. Altrimenti non sarà credibile.

L'agnizione deve essere preparata tramite anticipazioni da spargere lungo tutto il corso della narrazione (le cosiddette "semine").

Se intendete far culminare la storia con un'agnizione, dovrete nascondere nel narrato qualche indizio che, a posteriori, darà al lettore l'impressione di avere avuto la soluzione sotto il naso. Dovranno essere particolari apparentemente insignificanti, idonei a rivelare la loro importanza soltanto al momento dell'agnizione stessa.

Per la semina degli indizi si addicono i flashback, le descrizioni, i dialoghi e in genere tutti i beat di reazione.

Per ottenere un'agnizione potente si consiglia di creare una sottotrama, riferita alla vera identità del personaggio. Nel momento della rivelazione basta far congiungere la sottotrama con la trama principale. Un esempio di questa tecnica è offerto dal romanzo *Ballando nel buio* di Roberto Costantini.

Esercizio 45. (studiare i modelli)

Fra gli innumerevoli romanzi basati sull'agnizione, consiglio *Golden Hill* di Francis Spufford. L'agnizione finale è magistrale: gioca con i pregiudizi del lettore, rispecchia il tema dell'opera e tocca una problematica di grande attualità.

Scarto di informazioni

È una tecnica molto usata nei thriller moderni. Consiste nello sfruttare il vantaggio o lo svantaggio conoscitivo del lettore rispetto al personaggio. Di seguito due varianti:

Il lettore possiede più informazioni rispetto al personaggio.

La si realizza inserendo capitoli narrati da un punto di vista diverso, per esempio dal punto di vista dell'assassino.

Esempio: un capitolo dice al lettore che l'assassino ha collocato una bomba in un luogo, nel capitolo successivo vediamo l'ignaro personaggio entrare in quel luogo. Il lettore a questo punto sta sulle spine: scoppierà la bomba? Il personaggio riuscirà a sopravvivere?

Il metodo del coccodrillo di M. De Giovanni si serve di questa tecnica.

Il lettore possiede meno informazioni rispetto al personaggio.

Questa tecnica consiste nel creare un personaggio/narratore reticente, che non fornisce tutte le informazioni in suo possesso al lettore.

Il caso limite è quello del narratore bugiardo (o pazzo) che racconta al lettore una storia falsa fin dall'inizio. Un classico esempio è *L'isola della paura* di D. Lehane.

Ma qualsiasi personaggio può essere reso inattendibile. Pensate per esempio a un personaggio nevrotico, che si ostina a vedere le cose dal suo punto di vista soggettivo.

Interruzioni

La tecnica del cliffhanger, sopra esposta, è un particolare tipo di interruzione della scena.

Ma un'interruzione può essere inserita ogniqualvolta si desideri rimandare la risposta a un quesito, per aumentare la suspense.

Per esempio in una scena di dialogo, prima che un personaggio faccia una rivelazione, si può fare entrare in scena un intruso, che ritarda la rivelazione stessa. Può essere un'amica ciarliera, o un cameriere.

L'interruzione può anche essere stilistica: prima della rivelazione, inserite un lungo passaggio descrittivo. Oppure un flashback.

In una situazione piena di tensione, in cui i personaggi si stanno confrontando, il lettore sarà disposto a sorbirsi persino una descrizione particolareggiata dell'ambiente circostante.

Tutto quello che serve a ritardare la rivelazione è utile.

Rallentatore

Questa tecnica imita la tecnica cinematografica della moviola.

Una scena di azione è normalmente costituita da beat di azione che si succedono a un ritmo sincopato.

Un metodo per aumentarne la suspense è rallentarla, come usando una moviola. Il che consiste 1) nel dilungarsi sui beat di azione, riportandoli momento per momento, con tutti i dettagli; 2) nell'inserire sufficienti beat di reazione, che manifestino le emozioni e i pensieri del personaggio.

La scena ne risulterà "dilatata". L'esito ne sarà rimandato. Il lettore rimarrà con il fiato sospeso, ansioso di sapere come va a finire.

Inoltre i beat di reazione faranno entrare il lettore nella testa del personaggio, favorendo l'identificazione con lo stesso e incrementando l'intensità emozionale.

Esercizio 46. (la moviola)

Trovate nel vostro manoscritto una scena di azione: nel caso ideale sarà uno scontro fisico, ma può anche trattarsi di un confronto puramente verbale.

Potete aumentare la suspense di questa scena, rallentandone il ritmo, e allo stesso tempo approfondendo l'intensità emozionale.

A questo scopo inserite fra i beat di azione alcuni beat di reazione in cui

- riportate le reazioni emozionali del personaggio focale, mostrandole oppure enunciandole
- riportate i pensieri del personaggio.

Per sapere come reagisce e che cosa pensa il personaggio durante la scena, buttate giù tutto quello che passa per la testa del personaggio, in prima persona. Potranno essere pensieri direttamente correlati a quanto sta succedendo, ma anche ricordi del passato, evocati dalla situazione di confronto.

Selezionate quindi le espressioni più efficaci e inseritele fra i beat di azione.

La vostra scena di azione sarà più avvincente, perché i beat di reazione ritardano l'azione, evocando un'aspettativa nel lettore.

Allo stesso tempo, la scena sarà più emozionante e più credibile dal punto di vista psicologico.

Conto alla rovescia

Inserire nella narrazione un conto alla rovescia è uno dei migliori espedienti per mettere il lettore in uno stato di ansia e di curiosità e ottenere l'effetto *voltapagina*.

L'espediente consiste nel limitare il tempo a disposizione del protagonista per risolvere il conflitto, o nell'anticipare il verificarsi di un evento catastrofico entro una determinata scadenza.

La storia si trasforma in una corsa contro il tempo.

Esempi: una bomba sta per esplodere fra 45 minuti; il protagonista deve prendere un aereo fra 2 ore esatte; il farmaco deve essere somministrato entro 30 minuti; il matrimonio della rivale avrà luogo il 2 giugno.

Segnalare lo scorrere del tempo all'inizio o alla fine del capitolo è uno dei modi per applicare questa tecnica.

Il fatto che il tempo a disposizione del protagonista stia per scadere non deve essere noto al protagonista. Qui si può sfruttare la tecnica dello scarto di informazioni: un passaggio narrato da un narratore onnisciente, o da un punto di vista diverso da quello del protagonista, comunica al lettore l'esistenza della scadenza, senza che essa sia nota al protagonista stesso.

La tecnica del conto alla rovescia è magistralmente utilizzata nel thriller *L'ora decisiva* di Lee Child. Ciascun capitolo dell'opera si conclude con una frase che allude al tempo ancora a disposizione.

Erano le nove meno cinque del mattino.

Mancavano diciannove ore.

Esercizio 47. (studiare i modelli)

Sotto l'aspetto della suspense consiglio l'analisi del thriller *L'ora decisiva* di Lee Child: per la caratterizzazione del protagonista, per i dialoghi, per le tecniche del conto alla rovescia e della moviola.

CONCLUSIONE

Adesso tocca a voi

Avete concepito il personaggio?

Avete delineato una scaletta con le scene più importanti?

Avete fatto gli esercizi relativi alla scrittura efficace?

A questo punto potete mettervi a scrivere la vostra opera.

Non dovete iniziare dalla prima scena: partite da una scena che vi ispira. Può trattarsi anche del finale. Scrivere sotto la spinta dell'interesse, nel caso ideale dell'entusiasmo, è il metodo migliore per superare il blocco dello scrittore.

Immaginatevi la scena in modo visivo.

Pensate al punto di vista: da che punto di vista è narrata la scena? Il lettore deve capirlo subito.

Pensate all'ambientazione: in che luogo si trova il protagonista? Cercate di riprodurlo con alcune pennellate, in modo da trasportare il lettore in quel luogo.

Pensate alla modalità narrativa: è meglio iniziare la scena con un dialogo, con una descrizione, con i pensieri del personaggio? Cercate di creare un inizio che catturi l'interesse del lettore.

Se avete un dialogo, pensate a inserire una battuta trasversale. E fate attenzione a come parlano i personaggi.

Se si tratta di una scena di azione, pensate a inserire i beat di reazione.

Come volete far concludere la scena? Per creare un effetto *voltapagina,* dovrete lasciare qualcosa in sospeso.

Procedete così, scena per scena.

Gli esercizi che avete fatto vi forniranno certamente materiale narrativo.

Cosa fare se l'entusiasmo non vi arride? Se vi fermate di fronte alla pagina bianca? Rileggete i maestri del genere in cui vi apprestate a scrivere, cercando di comprenderne le tecniche. E fate gli esercizi. Vedrete che l'entusiasmo arriverà.

Per finire con le parole del professor Keating: fate del vostro libro qualcosa di straordinario!

Buon divertimento.

Bibliografia

Narrativa citata:

Ballando nel buio, Roberto Costantini, Marsilio, 2018

Fight Club, Chuck Palahniuk, Mondadori, 2017

Fore Morra, Diego Di Dio, Timecrime, 2017

Golden Hill, Francis Spufford, Bollati Boringhieri, 2017

Harry Potter e il prigioniero di Azkaban, J. K. Rowling, Salani, 2020

Il diario di Bridget Jones, Helen Fielding, Rizzoli, 2015

Il falco maltese, Dashiell Hammet, Mondadori Oscar Gialli, 2009

Il grande Gatsby, F.S. Fitzgerald, Feltrinelli, 2013

Il metodo del coccodrillo, M. De Giovanni, Einaudi, 2016

Il profumo, P. Süskind, TEA, 2017

Il senso di Smilla per la neve, Peter Høeg, Mondadori, 1996

Il suggeritore, Donato Carrisi, TEA, 2017

L.A. Confidential, James Ellroy, Mondadori, 1990

La leonessa bianca, H. Mankell, Marsilio, 2018

L'isola della paura, Dennis Lehane, Piemme, 2006

L'ombra del vento, Carlos Ruiz Zafón, Mondadori, 2016

L'ora decisiva, Lee Child, Longanesi, 2012

Pista nera, Antonio Manzini, Sellerio, 2013,

Tu sei il male, Roberto Costantini, Marsilio, 2011

Uomini che odiano le donne, Stieg Larsson, Marsilio, 2007

Via col vento, Margaret Mitchell, Neri Pozza, 2020

Film citati:

Arrival, regia Denis Villeneuve, 2016

Casablanca, regia Michael Curtiz, 1942

Chinatown, regia Roman Polanski, 1974

Confessions of an Ugly Stepsister, regia Gavin Millar, 2002

L'attimo fuggente, regia Peter Weir, 1989

Parasite, regia Bong Joon-ho, 2019

Star Wars, regia George Lucas, 1977

Titanic, regia James Cameron, 1998

<u>Testi sacri di scrittura creativa:</u>

Il viaggio dell'eroe, Chris Vogler, Dino Audino, 2010

Master di scrittura creativa, Jessica Page Morrell, Dino Audino, 2007

Plot & Structure, James Scott Bell, Writer's Digest Books, 2004

Techniques of the Selling Writer, Dwight Swain, University of Oklahoma Press, 2012

Writing novels that sell, Jack M. Bickham, Fireside, 1989

Altre fonti e manuali consigliati:

Elementi di stile nella scrittura, William jr. Strunk, Dino Audino, 2008

Italiano: sintassi, grammatica, dubbi, Luca Serianni, Garzanti, 2005

Grammatica avanzata della lingua italiana, S. Nocchi – R. Tartaglione, Alma, 2009

Il dizionario delle emozioni, Luca Panzarella, independently published, 2019

Il prontuario dello scrittore, Marcella Garau, independently published, 2020

La punteggiatura, Simone Fornara, Carocci, 2010

On writing, Stephen King, Hodder & Stoughton, 2010

Scene & Structure, Jack M. Bickham, Writer's Digest Books, 1999

Voice: The Secret Power of Great Writing, James Scott Bell, Compendium Press, 2015

Writing Fiction for Dummies, Randy Ingermanson, For Dummies, 2009

Questo libro vi è piaciuto o vi è risultato utile? Lasciate una recensione o una votazione su Amazon. Per gli autori indipendenti le recensioni sono importanti.

Avete notato imprecisioni, refusi, passaggi incomprensibili? Oppure desiderate chiarimenti?

Non esitate a contattarmi:

Email: patriziavigiani@gmail.com

FB: https://www.facebook.com/PatriziaEditing

Sul mio sito internet http://www.club-der-progressiven.de/ troverete elenchi aggiornati di concorsi, agenzie letterarie, case editrici, corsi di scrittura, blog letterari.

Printed in Great Britain
by Amazon

41398628R00136